Dr. Oetker

KRÄUTER

VON A–Z

Mit umfangreicher Kräuterkunde

Dr. Oetker

KRÄUTER
VON A–Z

Mit umfangreicher Kräuterkunde

Dr. Oetker Verlag

Abkürzungen und Hinweise

Abkürzungen

EL	=	Esslöffel
TL	=	Teelöffel
Msp.	=	Messerspitze
Pck.	=	Packung/Päckchen
g	=	Gramm
kg	=	Kilogramm
ml	=	Milliliter
l	=	Liter
evtl.	=	eventuell
Fl.	=	Fläschchen
geh.	=	gehäuft
gestr.	=	gestrichen
TK	=	Tiefkühlprodukt
°C	=	Grad Celsius
Ø	=	Durchmesser

Kalorien-/Nährwertangaben

E	=	Eiweiß
F	=	Fett
Kh	=	Kohlenhydrate
kJ	=	Kilojoule
kcal	=	Kilokalorien
BE	=	Broteinheit

Bei den Nährwertangaben in den Rezepten handelt es sich um auf- bzw. abgerundete ganze Werte. Lediglich die Broteinheiten werden in 0,5er-Schritten mit einer Stelle nach dem Komma angegeben.
Aufgrund von ständigen Rohstoffschwankungen und/oder Rezepturveränderungen bei Lebensmitteln, kann es zu Abweichungen kommen. Die Nährwertangaben dienen daher lediglich Ihrer Orientierung und eignen sich nur bedingt für die Berechnung eines Diätplans, zum Beispiel bei Krankheiten wie Diabetes.
Bei krankheitsbedingten Diäten richten Sie sich daher bitte nach den Anweisungen Ihres Diätassistenten bzw. Ihres Arztes.

Hinweise zu den Rezepten

Lesen Sie vor der Zubereitung – besser noch vor dem Einkauf – das Rezept einmal vollständig durch. So werden Arbeitsabläufe oder -zusammenhänge klarer. In jedem Rezept ist die Anzahl der Portionen angegeben.

Zutatenliste

Die Zutaten sind in der Reihenfolge ihrer Verarbeitung angegeben.

Arbeitsschritte

Die Arbeitsschritte sind einzeln hervorgehoben, in der Reihenfolge, in der sie von uns ausprobiert wurden.

Backofeneinstellung

Die in den Rezepten angegebenen Gartemperaturen und -zeiten sind Werte, die je nach individueller Hitzeleistung Ihres Backofens über- oder unterschritten werden können. Die Temperaturangaben beziehen sich auf Elektrobacköfen. Beachten Sie bitte bei der Einstellung des Backofens die Gebrauchsanleitung des Herstellers. Die Temperatur-Einstellmöglichkeiten für Gasbacköfen variieren je nach Hersteller sehr stark, sodass wir keine allgemeingültigen Angaben machen können.

Zubereitungs- und Garzeiten

Die Zubereitungszeit ist ein Anhaltswert für die Zeit der Vorbereitung und die eigentliche Zubereitung. Die Garzeiten sind, in der Regel, gesondert ausgewiesen. Bei den Rezepten setzt sich die Garzeit manchmal aus mehreren Teil-Garzeiten zusammen. Längere Wartezeiten, wie Kühl- und Auftauzeiten, sind nicht miteinbezogen.

Kochen mit frischen Kräuter – ein Fest für Augen, Nase und Gaumen

Dill passt zu Lachs, Thymian zu Lamm und Oregano gehört zur Pizza. Zitronenverbene kannten Sie bisher bestenfalls als Tee. Aber für was Sie sie sonst noch verwenden können, war Ihnen bisher nicht bekannt.

Dem wollen wir abhelfen. Wir wollen Sie einführen, in die Kunst, mit frischen Kräutern zu kochen. Wir wollen Sie auf den Geschmack bringen, weg von der Einheitswürze, hin zur Vielfalt der Kräuterküche. Gehen Sie mit uns auf eine Reise rund um die Welt – von Petersilie, Dill und Schnittlauch hin zu den Kräutern des Mittelmeeres und in die Ferne zu den asiatischen Kräutern.

Lassen Sie sich von unseren Rezepten inspirieren, mutig frisch zu würzen. Raum für eigene frische Kräuter ist auf der kleinsten Fensterbank, aber auch Balkon und Garten lassen sich in Kräuterparadiese verwandeln.

Wir wünschen Ihnen viel Spaß beim Ausprobieren, Schmecken und Genießen!

Ananasminze

Ananasminze gehört zu den Lippenblütlern. Sie hat grün-weiße Blätter und einen süßlich-angenehmen Geruch, der an Ananas erinnert. Passt zu milden Blattsalaten, Getränken und Desserts.

Apfel-Tofu-Creme mit Schnittlauch Schnell

etwa 575 g

Insgesamt: E: 36 g, F: 63 g, Kh: 22 g, kJ: 3490, kcal: 834, BE: 2,0

2 EL	*Sonnenblumen- oder Kürbiskerne*
1 Bund	*Schnittlauch*
300 g	*Tofu*
150 g	*Schmand (Sauerrahm)*
¼	*mittelgroßer, säuerlicher Apfel (etwa 100 g)*
1–2 EL	*Zitronensaft*
	Salz
	frisch gemahlener Pfeffer
evtl. 1 Prise	*Currypulver*

Zubereitungszeit: 15 Minuten
Haltbarkeit: im Kühlschrank 3–4 Tage

1. Die Sonnenblumen- oder die Kürbiskerne in einer Pfanne ohne Fett unter Rühren goldbraun rösten, herausnehmen und auf einen Teller geben.

2. Schnittlauch abspülen, trocken tupfen und in feine Röllchen schneiden. Tofu abtropfen lassen und mit einem Stabmixer fein pürieren oder sehr fein hacken. Tofumasse mit Schmand und Schnittlauchröllchen verrühren.

3. Apfel schälen, vierteln, entkernen. Apfelviertel in sehr kleine Würfel schneiden, mit Zitronensaft vermischen und unter die Tofumasse rühren.

4. Die Creme mit Salz, Pfeffer und evtl. Curry würzig abschmecken. Geröstete Sonnenblumen- oder Kürbiskerne nach Belieben grob hacken und auf die Creme streuen.

5. Die Apfel-Tofu-Creme in ein verschließbares Gefäß füllen und in den Kühlschrank stellen.

Beilage: Roggenmischbrot, Hafer-Vollkornbrot, Sesam-Knäckebrot.

Tipps: Für Milch-Allergiker den Schmand durch Sojacreme ersetzen. Zusätzlich 2–3 klein geschnittene Frühlingszwiebeln unter die Creme rühren.

Aprikosenkompott mit Lavendel

Raffiniert
4 Portionen

Pro Portion: E: 2 g, F: 16 g, Kh: 13 g, kJ: 866, kcal: 207, BE: 1,0

6 Zweige *Lavendel mit Blüten*
etwa 350 g *reife Aprikosen*

etwas *Zitronensaft*
1 TL *weißer Balsamico-Essig*
2 TL *Rohrzucker (brauner Zucker)*

200 g *Schlagsahne*
2 TL *gesiebter Puderzucker*

Zubereitungszeit: 10 Minuten
Garzeit: 10–15 Minuten

1. Die Lavendelzweige abspülen und trocken tupfen. 4 Lavendelzweige zum Garnieren beiseitelegen. Von den restlichen Zweigen die Blüten abzupfen.

2. Aprikosen abspülen, abtrocknen, evtl. entstielen, halbieren und entsteinen. Aprikosenhälften mit einem Spritzer Zitronensaft, Essig und Rohrzucker in einem Topf zum Kochen bringen und 10–15 Minuten bei schwacher Hitze kochen lassen.

3. In der Zwischenzeit Sahne mit Puderzucker cremig schlagen. 1 Spritzer Zitronensaft unterschlagen. Sahne cremig schlagen und kalt stellen.

4. Den Topf von der Kochstelle nehmen. Aprikosenkompott etwas abkühlen lassen und lauwarm in Gläser füllen. Mit der kalt gestellten Sahne verzieren und den beiseitegelegen Lavendelzweigen und -blüten garnieren. Lavendelkompott sofort servieren.

Asiatische Fischsuppe mit Koriander und Zitronengras

Einfach – für Gäste

4 Portionen

Pro Portion: E: 33 g, F: 6 g, Kh: 18 g, kJ: 1086, kcal: 260, BE: 1,5

1 Stängel	*Zitronengras*
1 Bund	
oder 1 Topf	*Koriander*
evtl. 2	*kleine, rote und grüne Chilischoten*
1 l	*Fischfond*
2 EL	*asiatische Fischsauce (erhältlich im Asialaden)*
2 EL	*Sojasauce*
	Salz
	frisch gemahlener Pfeffer
60 g	*Jasminreis oder Duftreis*
200 g	*Pangasiusfilet*
12	*große Garnelen (mit Schale, etwa 400 g)*
200 g	*Grünschalmuschelfleisch oder Pfahlmuschelfleisch*
1–2 EL	*Speiseöl*
einige	*Korianderblättchen*

Zubereitungszeit: 45 Minuten
Garzeit: Suppe etwa 10 Minuten

1. Das Zitronengras von der äußeren Schale befreien, längs vierteln, abspülen und abtropfen lassen. Koriander abspülen und trocken tupfen. Die Blättchen von den Stängeln zupfen. Die Blättchen anschließend grob zerkleinern.

2. Nach Belieben die Chilischoten abspülen, trocken tupfen und in sehr dünne Ringe schneiden.

3. Fond mit Zitronengrasstücken, Koriander, Chiliringen, Fischsauce und Sojasauce in einen Topf geben, mit Salz und Pfeffer würzen. Den Fond erhitzen (er sollte nur ganz leicht simmern, damit er nicht trüb wird).

4. Jasmin- oder Duftreis in kochendem Salzwasser nach Packungsanleitung garen. Den garen Reis in einem Sieb abtropfen lassen.

5. Pangasiusfilet kurz unter fließendem kalten Wasser abspülen, trocken tupfen und in kleine Stücke schneiden. Die Garnelen schälen, vom Rücken her halbieren und den Darm entfernen. Die Garnelen kurz unter fließendem kalten Wasser abspülen und trocken tupfen. Muschelfleisch kurz abspülen und trocken tupfen.

6. Speiseöl in einer Pfanne erhitzen. Pangasiusfiletstücke, Garnelen und Muschelfleisch darin portionsweise anbraten, herausnehmen und zum Fond in den Topf geben. Den Fisch bei schwacher Hitze etwa 10 Minuten ziehen lassen.

7. Die Suppe mit Salz und Pfeffer abschmecken und servieren. Den Reis mit Korianderblättchen garniert dazureichen.

Beilage: Gebackenes Kroepoek (Krabbenchips).

Tipp: Statt Jasminreis können Sie auch gekochte Reisnudeln verwenden.

Auberginen mit eingelegten Limetten und Schnittlauch

Raffiniert

8–10 Portionen

Pro Portion: E: 4 g, F: 29 g, Kh: 8 g, kJ: 1296, kcal: 309, BE: 0,5

Für die eingelegten Limetten:

5	*Bio-Limetten (unbehandelt, ungewachst)*
1 EL	*Meersalz*
150 ml	*Olivenöl*
5	*Knoblauchzehen*
150 ml	*Olivenöl*
10	*mittelgroße Auberginen (je etwa 300 g)*
	Salz
	frisch gemahlener, grober, bunter Pfeffer
2 Bund	*Schnittlauch*

Zubereitungszeit: 50 Minuten, ohne Durchzieh- und Kühlzeit
Grillzeit: etwa 4 Minuten

1. Für die eingelegten Limetten Limetten heiß abwaschen, abtrocknen und in dünne Scheiben schneiden. Die Limettenscheiben mit Salz bestreuen, in ein Glas schichten und mit Olivenöl übergießen, sodass die Limettenscheiben bedeckt sind. Limettenscheiben mit Frischhaltefolie zudecken, mindestens 24 Stunden kalt stellen und durchziehen lassen.

2. Knoblauch abziehen und durch eine Knoblauchpresse drücken. Olivenöl mit Knoblauch verrühren.

3. Auberginen abspülen, abtrocknen und die Stängelansätze entfernen. Auberginen in Scheiben schneiden. Mit Salz und Pfeffer bestreuen.

4. Auberginenscheiben in eine flache Schale legen und mit dem Knoblauchöl übergießen. Auberginenscheiben mit Frischhaltefolie zudecken und kalt stellen.

5. Den Backofengrill vorheizen.

6. Schnittlauch abspülen, trocken tupfen und in Röllchen schneiden.

7. Die Auberginenscheiben aus der Schale nehmen, trocken tupfen und auf einen mit Alufolie belegten Backofenrost legen. Den Backofenrost unter den vorgeheizten Backofengrill schieben. Die Auberginenscheiben etwa 2 Minuten von jeder Seite grillen.

8. Die Auberginenscheiben vom Backofenrost nehmen und etwas abkühlen lassen.

9. Auberginenscheiben mit den eingelegten Limettenscheiben auf einer großen Platte anrichten und mit Schnittlauchröllchen bestreuen.

Beilage: Eingelegter Fetakäse oder Mozzarella. Frisches Stangenweißbrot oder Fladenbrot.

Tipps: Die Auberginen schmecken auch sehr gut zu gegrilltem Lammfleisch oder Fisch. Limettenscheiben schon einige Tage vor dem Verzehr in Olivenöl einlegen.

Bärlauch

Bärlauch gehört zu den Zwiebelgewächsen. Sein Geschmack liegt zwischen Knoblauch und Schnittlauch. Er hinterlässt keinen unangenehmen Geruch. Die klein gehackten Blätter würzen Suppen, Gemüse, Salate und Pesto. Sie sollten nicht gekocht werden, sondern erst kurz vor dem Verzehr über das Essen gestreut werden.

Bärlauchpesto zu Spargel

Raffiniert – für Gäste

4 Portionen

Pro Portion: E: 20 g, F: 55 g, Kh: 11 g, kJ: 2571, kcal: 615, BE: 0,0

2 kg weißer Spargel
1 l Wasser
2 gestr. TL Salz
1 TL Zucker, 2 EL Zitronensaft

Für das Bärlauchpesto:

2 Bund Bärlauch (etwa 90 g)
50 g Pinienkerne
100 ml Olivenöl
50 ml Keimöl
120 g fein geraspelter Parmesan-Käse
Salz, frisch gemahlener Pfeffer

4 Tomaten

Zubereitungszeit: 55 Minuten, ohne Abkühlzeit
Überbackzeit: 3–5 Minuten

1. Den Spargel von oben nach unten schälen. Darauf achten, dass die Schalen vollständig entfernt, die Köpfe aber nicht verletzt werden. Die unteren Enden abschneiden (holzige Stellen vollkommen entfernen). Spargelstangen abspülen und abtropfen lassen.

2. Spargelenden und -schalen abspülen und in einem Topf mit Wasser zum Kochen bringen. Salz, Zucker und Zitronensaft hinzugeben, zugedeckt etwa 20 Minuten leicht kochen lassen. Anschließend durch ein Sieb geben und den Spargelfond dabei auffangen.

3. Für das Pesto Bärlauch putzen, abspülen, trocken tupfen oder -schleudern und fein hacken. Die Pinienkerne in einer Pfanne ohne Fett unter Rühren goldbraun rösten und auf einem Teller abkühlen lassen.

4. Pinienkerne, Olivenöl und Keimöl in einem hohen Rührbecher fein pürieren. Bärlauch hinzugeben, nochmals kurz pürieren. Parmesan-Käse unterrühren. Mit Salz und Pfeffer würzen.

5. Tomaten abspülen, abtropfen lassen, kreuzweise einschneiden, kurz in kochendes Wasser legen und in kaltem Wasser abschrecken. Tomaten enthäuten, halbieren, entkernen und die Stängelansätze herausschneiden. Tomatenhälften in kleine Würfel schneiden.

6. Den aufgefangenen Spargelfond in einem hohen Topf zum Kochen bringen. Die Spargelstangen darin zugedeckt etwa 12 Minuten garen, herausnehmen und tropfnass in eine große, flache Auflaufform legen.

7. Den Backofengrill vorheizen.

8. Einen Streifen Tomatenwürfel diagonal auf die Spargelstangen legen. Bärlauchpesto auf dem Tomatenstreifen verteilen.

9. Die Form auf dem Rost unter den vorgeheizten Grill schieben. Spargel mit Bärlauchpesto 3–5 Minuten überbacken. Sofort servieren.

Basilikumpesto

Beliebt

1 Glas etwa 250 ml (1/4 l)

Insgesamt: E: 46 g, F: 260 g, Kh: 8 g, kJ: 10521, kcal: 2513, BE: 0,5

3–4	*Knoblauchzehen*
1 gestr. TL	*Salz*
50 g	*Pinienkerne*
8 EL	*gehackte Basilikumblättchen*
100 g	*frisch geriebener Pecorino- oder Parmesan-Käse*
200 ml	*kalt gepresstes Olivenöl*

Zubereitungszeit: 20 Minuten
Haltbarkeit: kalt gestellt etwa 6 Wochen

1. Knoblauch abziehen, mit Salz, Pinienkernen und Basilikum im Mörser so lange zerstoßen, bis eine cremeartige Masse entstanden ist. Oder die Zutaten in einen Rührbecher geben und mit einem Stabmixer pürieren, bis eine cremeartige Masse entstanden ist.

Basilikum

Basilikum gehört zu den Lippenblütlern. Die Blätter werden am besten frisch verwendet und nicht mitgekocht. Das Basilikum hat ein angenehm frisches und würziges Aroma. Passt zu: Lamm, Geflügel, Fisch, Eiern, Saucen, Suppen, Salaten (besonders Tomatensalat), Rohkost, Gemüse und Nudeln.

2. Käse untermischen. Zuletzt Olivenöl unterrühren.

3. Pesto in ein vorbereitetes Glas füllen. Das Glas mit einem Twist-off-Deckel® verschließen.

Tipps: Basilikumpesto zu Nudeln oder Tomaten mit Mozzarella reichen. Statt mit Pinienkernen und Olivenöl schmeckt das Basilikumpesto auch sehr gut mit Kübiskernen und Kürbiskernöl.

Basilikumsauce

Gut vorzubereiten

4 Portionen

Pro Portion: E: 2 g, F: 18 g, Kh: 9 g, kJ: 867, kcal: 207, BE: 0,5

2	*Tomaten (etwa 250 g)*
2 Bund	*Basilikum*
200 g	*Joghurt-Salatcreme (aus dem Glas)*
4 EL	*Schlagsahne*
	frisch gemahlener Pfeffer

Zubereitungszeit: 15 Minuten

1. Tomaten abspülen, abtropfen lassen, kreuzweise einschneiden, kurz in kochendes Wasser legen und in kaltem Wasser abschrecken. Tomaten enthäuten, halbieren, entkernen und die Stängelansätze herausschneiden. Tomatenhälften pürieren.

2. Basilikum abspülen und trocken tupfen. Die Blättchen von den Stängeln zupfen. Blättchen sehr klein schneiden. Etwas Basilikum zum Bestreuen beiseitelegen.

3. Die Salatcreme mit Tomatenpüree, Basilikum und Sahne verrühren, mit Pfeffer würzen.

4. Die Sauce in einer Schüssel anrichten, mit dem beiseitegelegten Basilikum garnieren.

Tipps: Die Sauce zu gegrilltem Fleisch reichen. Die Basilikumsauce nach Belieben zusätzlich mit Schnittlauchröllchen bestreuen.

Beifuß

Beifuß gehört zur Familie der Korbblütler. Man verwendet die frischen und getrockneten Blätter. Er riecht angenehm würzig und schmeckt leicht bitter. Mit Beifuß werden fettere Geflügel- und Schweinefleischgerichte gewürzt. Er sollte vorsichtig dosiert und immer mitgekocht werden.

Bierkotelett mit Rosmarin

Mit Alkohol

4 Portionen

Pro Portion: E: 36 g, F: 15 g, Kh: 5 g, kJ: 1338, kcal: 319, BE: 0,0

4	*Schweine-Lummerkoteletts (Kotelett mit Filetstück, je etwa 200 g)*
je 1 TL	*Paprikapulver edelsüß und rosenscharf*
8–10	*kleine Schalotten*
2 EL	*Speiseöl*
1–2 Stängel	*frischer Rosmarin*
1 TL	*Butter*
	Salz
250 ml (1/4 l)	*Bier*
	frisch gemahlener Pfeffer
	Zucker

Zubereitungszeit: 15 Minuten
Bratzeit: 11–12 Minuten

1. Die Koteletts kurz unter fließendem kalten Wasser abspülen und trocken tupfen. Mit Paprika edelsüß und rosenscharf würzen. Schalotten abziehen.

2. Das Speiseöl in einer großen Pfanne erhitzen. Die Koteletts darin von jeder Seite etwa 2 Minuten braten. Rosmarin abspülen und trocken tupfen, mit der Butter zu den Koteletts in die Pfanne geben und kurz mitdünsten lassen. Die Koteletts mit Salz würzen.

3. Schalotten hinzufügen. Die angebratenen Koteletts mit Bier beträufeln und 1–2 Minuten braten. Danach wieder mit Bier beträufeln und weitere 1–2 Minuten braten. Koteletts auf diese Weise insgesamt 7–8 Minuten braten, bis das Bier aufgebraucht ist. Die Koteletts während der Bratzeit ab und zu wenden.

4. Die Koteletts mit den Schalotten aus der Pfanne nehmen. Die Sauce mit Salz, Pfeffer und 1 Prise Zucker abschmecken. Die Koteletts mit den Schalotten und der Sauce servieren.

Beilage: Petersilienkartoffeln und grüner Salat.

Tipp: Sie können die Koteletts auch mit Brot und Senf servieren.

Bohnenkraut

Bohnenkraut gehört zu den Lippenblütlern. Man unterscheidet Sommer- und Winterbohnenkraut. Bohnenkraut stammt aus Südeuropa und den Mittelmeerländern und wird dort häufiger verwendet. Es duftet und schmeckt leicht nach Pfeffer und Thymian. Es ist leicht dominant, deshalb sollte man es nur sparsam verwenden. Passt wunderbar zu: Bohnengerichten, Gemüse, pikanten Salaten, Eintöpfen, Getreide- und Hülsenfruchtgerichten und Kartoffeln.

Bohnen-Schafkäse-Strudel mit würziger Tomatensauce

Für Gäste

4 Portionen

Pro Portion: E: 26 g, F: 59 g, Kh: 29 g, kJ: 3123, kcal: 746, BE: 2,0

750 g junge Bohnen
1 kleines Bund Bohnenkraut
4 Tomaten (etwa 500 g)
1 Knoblauchzehe
Salz
frisch gemahlener Pfeffer
7 EL Olivenöl
4 Blätter fertiger Strudelteig (etwa 125 g, aus dem Kühlregal)
150 g Crème fraîche
400 g Schafkäse

3–4 EL Olivenöl

Zubereitungszeit: 30 Minuten
Backzeit: etwa 30 Minuten

1. Von den Bohnen die Enden abschneiden, evtl. abfädeln. Bohnen abspülen, abtropfen lassen, halbieren und in kochendem Wasser 1–2 Minuten blanchieren.

2. Bohnen in kaltem Wasser abschrecken und in einem Sieb abtropfen lassen. Bohnenkraut abspülen und trocken tupfen. Die Blättchen von den Stängeln zupfen.

3. Tomaten abspülen, vierteln, entkernen und die Stängelansätze herausschneiden. Tomatenviertel in Würfel schneiden.

4. Knoblauch abziehen und zerdrücken. Mit Salz, Pfeffer und Olivenöl verrühren.

5. Den Backofen vorheizen.
Ober-/Unterhitze: etwa 180 °C
Heißluft: etwa 160 °C

6. Die Strudelblätter auf je ein zur Hälfte zusammengelegtes Geschirrtuch legen. Die Strudelblätter mit Crème fraîche bestreichen und mit Bohnenkrautblättchen bestreuen. Schafkäse zerbröseln, mit den Bohnen und Tomatenwürfel auf den Strudelblättern verteilen. Mit dem vorbereiteten Knoblauchöl beträufeln.

7. Die belegten Strudelblätter jeweils mithilfe des Geschirrtuchs aufrollen und nebeneinander auf Backbleche (mit Backpapier belegt) legen.

8. Die Strudel mit Olivenöl bestreichen.

9. Die Backbleche nacheinander (bei Heißluft zusammen) in den vorgeheizten Backofen schieben. Die Strudel **etwa 30 Minuten backen.**

10. Die Strudel von den Backblechen nehmen, anrichten und sofort servieren.

Tipp: Die gebackenen Strudel mit einer würzigen **Tomatensauce** servieren. Dafür 3 kleine Zwiebeln abziehen, klein würfeln. 4 Esslöffel Olivenöl in einem Topf erhitzen. 400 g Schältomaten (aus der Dose) hinzugeben, zum Kochen bringen und etwa 20 Minuten kochen lassen. 1 Esslöffel Tomatenmark unterrühren. Mit etwa 1/2 Esslöffel Zucker, etwa 1/2 Teelöffel Paprikapulver rosenscharf, Salz und Pfeffer würzen. Die Tomatensauce nach Belieben mit einigen entsteinten, klein geschnittenen Oliven und abgespülten, trocken getupften Thymianblättchen verfeinern.

Borretsch

Borretsch gehört zur Familie der Raublattgewächse. Die Blätter sind silbrig-grün behaart. Sie schmecken leicht nach Gurke. Passt zu: Gurkengerichten, Salaten, Saucen, Gemüse, Eier-, Quark-, Joghurtspeisen und Suppen. Die blauen Blüten dienen als essbare Dekoration.

Brennnessel

Brennesseln sind eine eigene Familie. Junge Brennnesselblätter sind reich an Mineralstoffen und den Vitaminen A und C. Sie werden vor allem im Frühjahr verwendet und zu Suppen und Saucen sowie zu einem spinatähnlichen Gericht verarbeitet. Wenn die Blätter mit kochendem Wasser überbrüht werden, brennen sie nicht mehr. Im Handel bekommt man auch Brennnesselkäse.

Brennnesselsalat

Preiswert – schnell

4 Portionen

Pro Portion: E: 6 g, F: 8 g, Kh: 7 g, kJ: 530, kcal: 126, BE: 0,2

400 g junge, zarte Brennnesseln

Für die Salatsauce:

1 Knoblauchzehe
2–3 EL Zitronensaft
Salz
frisch gemahlener Pfeffer
etwas Apfeldicksaft (erhältlich im Reformhaus)
3 EL Sonnenblumenöl
1 kleine Möhre

Zubereitungszeit: 25 Minuten

1. Brennnesseln vorsichtig abspülen, gut abtropfen lassen, evtl. in kleine Stücke zupfen.

2. Für die Salatsauce Knoblauch abziehen und durch eine Knoblauchpresse drücken. Den Zitronensaft mit Salz, Pfeffer, Apfeldicksaft und Knoblauch verrühren. Sonnenblumenöl unterschlagen.

3. Die Sauce vorsichtig mit den Brennnesseln vermischen und auf einem Teller anrichten.

4. Möhre putzen, schälen, abspülen, abtropfen lassen, grob reiben und auf dem Salat verteilen.

Brennnesselsuppe mit Rahm und Parmesankräckern

Schnell

4 Portionen

Pro Portion: E: 14 g, F: 22 g, Kh: 14 g, kJ: 1289, kcal: 308, BE: 1,0

2 mittelgroße Zwiebeln
2 Knoblauchzehen
2 Kartoffeln (etwa 250 g)
20 g Butter
750 ml (3/4 l) Gemüsebrühe
300 g Brennnesselspitzen
Salz
frisch gemahlener Pfeffer

Für die Parmesankräcker:

100 g frisch geriebener Parmesan-Käse

100 g Schlagsahne

Zubereitungszeit: 15–20 Minuten, ohne Abkühlzeit
Backzeit: Kräcker 10–12 Minuten

1. Zwiebeln und Knoblauch abziehen, in sehr kleine Würfel schneiden. Kartoffeln waschen, schälen, abspülen, abtropfen lassen und ebenfalls klein würfeln.

2. Die Butter in einem Topf zerlassen. Zwiebel- und Knoblauchwürfel darin andünsten. Kartoffelwürfel hinzugeben und mitdünsten lassen. Brühe hinzugießen und zum Kochen bringen. Kartoffelwürfel zugedeckt 12–15 Minuten garen.

3. In der Zwischenzeit Brennnesselspitzen verlesen (am besten mit Einweghandschuhen), gut abspülen und trocken tupfen oder -schleudern. Brennnesselspitzen zu den gegarten Kartoffelwürfeln in die Brühe geben und mit einem Stabmixer gut pürieren. Mit Salz und Pfeffer würzen. Die Suppe nach Belieben durch ein Sieb passieren. Suppe warm stellen, jedoch nicht mehr kochen lassen, da sie sonst grau wird.

4. Den Backofen vorheizen.
Ober-/Unterhitze: etwa 160 °C
Heißluft: etwa 140 °C

5. Für die Parmesankräcker 4 kleine runde Platten (Ø 5–6 cm) auf Backpapier zeichnen und auf ein Backblech legen. Die vorgezeichneten Platten mit Parmesan-Käse ausstreuen. Das Backblech in den vorgeheizten Backofen schieben. Parmesankräcker **10–12 Minuten backen,** bis der Käse zerlaufen ist und die Kräcker goldgelb knusprig gebacken sind.

6. Die Kräcker mit dem Backpapier vom Backblech auf einen Rost ziehen. Kräcker erkalten lassen.

7. Die Sahne mit Handrührgerät mit Rührbesen cremig aufschlagen und unter die warm gestellte Brennnesselsuppe ziehen. Die Suppe mit den Parmesankräckern anrichten und sofort servieren.

Tipp: Parmesankräcker können schon am Vortag gebacken werden. Dann Parmesankräcker bei Zimmertemperatur aufbewahren (nicht im Kühlschrank aufbewahren, sonst werden sie wieder weich).

Brunnenkresse

Brunnenkresse gehört zur Familie der Kreuzblütler. Zum Würzen wird das frische, junge Kraut verwendet. Es riecht würzig und schmeckt scharf-rettichartig. Weitere Kressearten sind Löffelkraut und Gartenkresse. Passt zu Salaten, Eier- und Quarkspeisen und Kräuterbutter.

Brunnenkressesalat

Vegetarisch
4 Portionen

Pro Portion: E: 9 g, F: 32 g, Kh: 13 g, kJ: 1573, kcal: 377, BE: 1,0

2 Bund Brunnenkresse (etwa 300 g)
4 Scheiben Weißbrot (je etwa 20 g)
75 g Butter

Für die Salatsauce:
150 g Crème fraîche
2–3 EL Limettensaft
Salz
frisch gemahlener Pfeffer
Zucker
3 hart gekochte Eier
2 EL gehackte Petersilie
2 EL fein gehackter Dill

Zubereitungszeit: 30 Minuten

1. Brunnenkresse verlesen, gelbe Blätter und dicke Stiele entfernen. Kresse abspülen und gut abtropfen lassen.

2. Weißbrotscheiben entrinden und in kleine Würfel schneiden. Butter in einer Pfanne zerlassen. Brotwürfel darin von allen Seiten rösten, herausnehmen, etwas abkühlen lassen und in eine Schüssel geben. Kresse untermischen.

3. Für die Salatsauce Crème fraîche mit Limettensaft verrühren. Mit Salz, Pfeffer und Zucker würzen.

4. Eier pellen und klein hacken. Petersilie, Dill und zwei Drittel der gehackten Eier unter die Sauce rühren. Die Sauce auf dem Salat verteilen. Mit den restlichen gehackten Eiern bestreuen.

Tipps: Den Salat nach Belieben mit Radieschenscheiben und gekochtem Ei garnieren. Brunnenkresse ist ein Salat im frühen Frühjahr. Der Geschmack ist pikant, rettichartig und bitter-scharf.

Bulgur-Küchlein mit Minze

Einfach

4 Portionen (16 Stück)

Pro Portion: E: 14 g, F: 21 g, Kh: 55 g, kJ: 2004, kcal: 478, BE: 4,5

Für die Bulgur-Küchlein:

75 g Bulgur
200 ml Wasser
2 Frühlingszwiebeln
2 Stängel Minze
½ Bund glatte Petersilie
100 g Fetakäse
25 g Rosinen
1 TL gemahlener Kreuzkümmel (Cumin)
Salz
2 Eier (Größe M)
75 g Weizenmehl
125 ml (⅛ l) Buttermilch
4 EL Speiseöl

Für Green Bull:

1 Salatgurke
4 Kiwis
8 Minzeblättchen
2 EL Limettensaft
1 EL Weizenkeimöl
4 EL flüssiger Honig
400 ml Mineralwasser ohne Kohlensäure
evtl. Eiswürfel

Zubereitungszeit: 45 Minuten

1. Für die Küchlein Bulgur in ein Sieb geben, mit kaltem Wasser abspülen und abtropfen lassen. Bulgur in einen Topf geben. Wasser hinzugießen und zum Kochen bringen. Die Kochstelle ausschalten. Bulgur zugedeckt etwa 7 Minuten ziehen lassen.

2. In der Zwischenzeit die Frühlingszwiebeln putzen, abspülen, abtropfen lassen und in sehr feine Ringe schneiden. Minze und Petersilie abspülen, trocken tupfen. Die Blättchen jeweils von den Stängeln zupfen. Blättchen klein schneiden. Fetakäse abtropfen lassen und fein zerbröseln.

3. Bulgur mit Frühlingszwiebelringen, Minze, Petersilie, Käsebröseln und Rosinen vermischen. Mit Kreuzkümmel und Salz würzen. Eier, Mehl und Buttermilch in einer Rührschüssel verschlagen. Die Bulgur-Käse-Mischung hinzugeben und gut unterrühren.

4. Die Küchlein in 2 Portionen braten. Dafür jeweils die Hälfte des Speiseöls in einer großen Pfanne erhitzen. Jeweils 1 gehäuften Esslöffel des Teiges in die Pfanne geben. Die Küchlein darin von beiden Seiten bei mittlerer Hitze goldbraun braten.

5. Für Green Bull die Gurke abwaschen und abtrocknen. Gurke mit Schale und Kernen in grobe Würfel schneiden. Kiwis schälen und grob würfeln. Minzeblättchen abspülen und trocken tupfen. Die Gurken-, Kiwiwürfel und Minzeblättchen in einen Rührbecher geben. Limettensaft, Weizenkeimöl, Honig und Mineralwasser hinzugeben. Die Zutaten fein pürieren und in 4 Gläsern verteilen. Green Bull nach Belieben mit Eiswürfeln servieren. Bulgur-Küchlein dazureichen.

Chicorée mit Kerbel-Ei-Sauce

Vegetarisch
4 Portionen

Pro Portion: E: 11 g, F: 48 g, Kh: 4 g, kJ: 2389, kcal: 571, BE: 0,0

4	*Eier (Größe M)*
je 4	*rote und weiße Chicorée (je etwa 150 g)*
1	*Zwiebel*
je 1 Bund	*Kerbel und Petersilie*
50 g	*Knoblauchbutter*
500 ml (1/2 l)	*Gemüsebrühe*
	Salz, frisch gemahlener Pfeffer
200 g	*Butter*
einige	*Petersilien- oder Kerbelstängel*

Zubereitungszeit: 50 Minuten
Garzeit: Chicorée etwa 10 Minuten

1. Eier in kochendem Wasser etwa 8 Minuten kochen lassen, in kaltem Wasser abschrecken, pellen, erkalten lassen und in kleine Würfel schneiden.

2. Vom Chicorée die äußeren, welken Blätter entfernen. Chicorée längs halbieren, abspülen, abtropfen lassen und die bitteren Strünke keilförmig herausschneiden.

3. Zwiebel abziehen und in kleine Würfel schneiden. Kerbel und Petersilie abspülen, trocken tupfen. Die Blättchen von den Stängeln zupfen. Blättchen klein schneiden.

4. Knoblauchbutter in einem Bräter zerlassen. Zwiebelwürfel darin glasig dünsten. Vorbereiteten Chicorée hineingeben und Brühe hinzugießen. Mit Salz und Pfeffer würzen. Die Brühe zum Kochen bringen. Die Chicorée etwa 10 Minuten garen.

5. Butter in einer Pfanne zerlassen. Kerbel, Petersilie und Eierwürfel darin vorsichtig andünsten.

6. Gedünsteten Chicorée mit einer Schaumkelle aus der Brühe nehmen, auf einer Platte anrichten und mit der Kerbel-Ei-Butter übergießen. Mit abgespülten und trocken getupften Kräuterzweigen garnieren.

Beilage: Kleine, neue Kartoffeln mit Schale gegart und in Butter gebraten.

Chili-Löffelkraut-Butter

Etwas Besonderes

Insgesamt: E: 2 g, F: 216 g, Kh: 3 g, kJ: 8237, kcal: 1971, BE: 0,0

250 g	*Butter (Zimmertemperatur)*
½ gestr. TL	*Salz*
1 Spritzer	*Zitronensaft*
1 Prise	*Zucker oder flüssiger Honig*
1	*Schalotte oder sehr kleine Zwiebel*
2 TL	*Olivenöl*
1 Msp.	*Chiliflocken*
1 Handvoll	*frisches Löffelkraut*

Zubereitungszeit: 15 Minuten, ohne Abkühlzeit

1. Butter mit Salz, Zitronensaft und Zucker oder Honig in einer Rührschüssel schaumig rühren.

2. Schalotte oder Zwiebel abziehen, in sehr kleine Würfel schneiden. Olivenöl in einer kleinen Pfanne erhitzen. Schalotten- oder Zwiebelwürfel darin glasig dünsten. Chiliflocken unterrühren, erkalten lassen.

Currykraut

Currykraut gehört zu den Korbblütlern. Es ist vor allem in der südindischen und in der Küche auf Sri Lanka bekannt. Mit dem Currypulver hat es nichts zu tun. Es wird vor allem in vegetarischen Gerichten benutzt. Currykraut sollte möglichst frisch verwendet werden.

3. Löffelkraut abspülen und trocken tupfen. Die Blättchen von den Stängeln zupfen, klein schneiden. Mit den Schalotten- oder Zwiebelwürfeln zu der Butter geben und gut untermischen.

4. Die geschmeidige Buttermasse sofort in ein hübsches Schälchen füllen oder evtl. die Butter in einen Spritzbeutel mit Stern- oder Lochtülle füllen und in das Schälchen spritzen. Butter bis zum Servieren kalt stellen.

Tipp: Beim Zubereiten von Fisch in der Pfanne etwas von der Butter zum Braten hinzugeben.

Daikonkresse

Daikonkresse gehört wie alle Kressearten zu den Kreuzblütlern. Sie schmeckt wie eine Mischung aus Garten- und Brunnenkresse. Die rote Daikonkresse erinnert im Geschmack an Kreuzkümmel (Cumin). Sie kann durch einfache Kresse ersetzt werden.

Dicke Bohnen mit Majoran

Raffiniert

4 Portionen

Pro Portion: E: 16 g, F: 7 g, Kh: 14 g, kJ: 755, kcal: 180, BE: 1,0

2 Zwiebeln (etwa 100 g)
1–2 Knoblauchzehen
6 Stängel Majoran oder
½ TL gerebelter Majoran
2 EL Olivenöl
1 Lorbeerblatt
425 g dicke Bohnen (aus dem Glas)
4 EL Gemüsebrühe
Salz, frisch gemahlener Pfeffer
1 Msp. gemahlener Kreuzkümmel (Cumin)
1–2 TL Zitronensaft
70 g luftgetrockneter Schinken, z. B. Serrano-Schinken

Zubereitungszeit: 25 Minuten
Garzeit: etwa 15 Minuten

1. Zwiebeln und Knoblauch abziehen. Die Zwiebeln halbieren und in Spalten, den Knoblauch in Scheiben schneiden. Majoran abspülen und trocken tupfen. Die Blättchen von den Stängeln zupfen (einige Blättchen zum Garnieren beiseitelegen).

2. Olivenöl in einem Topf erhitzen. Zwiebelspalten, Knoblauchscheiben, Majoran und Lorbeerblatt hinzufügen. Die Zutaten zugedeckt etwa 10 Minuten dünsten.

3. Bohnen in ein Sieb geben, abspülen und abtropfen lassen. Bohnen und Brühe zu der Zwiebelmasse geben, etwa 5 Minuten erhitzen. Mit Salz, Pfeffer, Kreuzkümmel und Zitronensaft würzen. Den Topf von der Kochstelle nehmen.

4. Den Schinken in Streifen schneiden und unter die Bohnen mischen. Dicke Bohnen heiß oder kalt mit den beiseitegelegten Majoranblättchen bestreut servieren.

Beilage: Ofenfrisches Baguette.

Tipps: Statt dicke, grüne Bohnen können Sie auch weiße Bohnen verwenden. Wenn Sie TK-Grüne Bohnen verwenden möchten, dünsten Sie die Bohnen zusammen mit den Zwiebeln und fügen noch zusätzlich 6 Esslöffel Gemüsebrühe hinzu.

Dill

Dill gehört zur Familie der Doldenblütler. Am besten schmecken die jungen, frischen Blätter. Sein Geschmack ist süßlich-würzig, frisch und leicht fenchelartig. Er schmeckt besonders gut zu Fisch, Krebsen, Eiern, hellen Saucen und Salaten. In Skandinavien und Russland wird er sehr häufig verwendet. Passt zu: Rohkost, Salaten, Krustentieren, hellen Geflügel- und Fleischgerichten, gedünstetem Fisch, gegriltem Lachs, Eier- und Quarkspeisen, Gurken, Suppen, Saucen. Die fast reifen Blütendolden des Dills werden zum Einlegen von Gurken benutzt.

Dillbutter

Schnell

Insgesamt: E: 2 g, F: 104 g, Kh: 2 g, kJ: 3985, kcal: 953, BE: 0,0

125 g weiche Butter
6 EL gehackter Dill
Salz
frisch gemahlener Pfeffer
Zitronensaft

Zubereitungszeit: 15 Minuten

1. Butter geschmeidig rühren, Dill gut unterrühren.

2. Die Dillbutter mit Salz, Pfeffer und Zitronensaft würzen.

Dill-Gurken-Gemüse

Schnell – raffiniert

4 Portionen

Pro Portion: E: 2 g, F: 7 g, Kh: 5 g, kJ: 404, kcal: 97, BE: 0,0

750 g Salatgurken
2 mittelgroße Tomaten
2 mittelgroße Zwiebeln
25 g Butter oder Margarine
Salz, frisch gemahlener Pfeffer
1 EL Crème fraîche
2 EL frisch gehackter Dill

Zubereitungszeit: 25 Minuten
Garzeit: 12–13 Minuten

1. Gurken schälen, halbieren und evtl. die Kerne mit einem Löffel herausschaben. Gurkenhälften in etwa 2 cm breite Stücke schneiden. Die Tomaten abspülen, abtropfen lassen, kreuzweise einschneiden, kurz in kochendes Wasser legen und in kaltem Wasser abschrecken. Tomaten enthäuten, halbieren, entkernen und die Stängelansätze herausschneiden. Tomatenhälften in Stücke schneiden.

2. Die Zwiebeln abziehen und in kleine Würfel schneiden. Butter oder Margarine in einem Topf zerlassen. Zwiebelwürfel darin andünsten. Gurkenstücke hinzufügen, mit Salz und Pfeffer würzen. Die Gurkenstücke zugedeckt etwa 10 Minuten dünsten. Tomatenstücke hinzufügen und noch 2–3 Minuten mitdünsten lassen, Crème fraîche unterrühren.

3. Das Gemüse mit Salz und Pfeffer abschmecken, mit Dill bestreuen.

Tipp: Dill-Gurken-Gemüse ist eine vorzügliche Beilage für kurz gebratenes Fleisch.

Dillhähnchen

Einfach

4 Portionen

Pro Portion: E: 88 g, F: 67 g, Kh: 17 g, kJ: 4300, kcal: 1028, BE: 1,5

2	*kleine, küchenfertige Hähnchen (je etwa 1 kg)*
	Salz, frisch gemahlener Pfeffer
	Zitronen- oder Limettensaft
2 Bund	*Dill*
4 EL	*Speiseöl*
40 g	*zerlassene Butter*

Für das Schmorgemüse:

2	*Knoblauchzehen*
2	*dicke Möhren (etwa 200 g)*
1 Stange	*Porree ([Lauch], etwa 200 g, ohne dunkelgrünen Blattanteil)*
2	*kleine oder 1 große Fenchelknolle (etwa 300 g)*
4	*dicke, festkochende Kartoffeln (350–400 g)*
400 ml	*Geflügelbrühe*
40 g	*zerlassene Butter*

Zubereitungszeit: 40 Minuten
Garzeit: etwa 60 Minuten

1. Den Backofen vorheizen.
Ober-/Unterhitze: etwa 200 °C
Heißluft: etwa 180 °C

2. Hähnchen innen und außen unter fließendem kalten Wasser abspülen und trocken tupfen. Mit Salz und Pfeffer würzen, mit etwas Zitronen- oder Limettensaft einreiben.

3. Dill abspülen und trocken tupfen. Die Spitzen von den Stängeln zupfen. Spitzen klein schneiden (etwas Dill beiseitelegen).

4. Das Speiseöl in einem Bräter erhitzen. Hähnchen hineinlegen, mit zerlassener Butter bestreichen und mit Dill bestreuen. Den Bräter auf dem Rost in den vorgeheizten Backofen schieben. Die Hähnchen **etwa 60 Minuten garen.**

5. Die Hähnchen während der Garzeit ab und zu mit dem entstandenen Bratenfond begießen, evtl. etwas Wasser hinzufügen.

6. In der Zwischenzeit für das Gemüse den Knoblauch abziehen und in kleine Würfel schneiden. Die Möhren putzen, schälen, abspülen, abtropfen lassen und in Scheiben schneiden. Porree putzen, die Stange längs halbieren, gründlich waschen, abtropfen lassen und in Streifen schneiden.

7. Von den Fenchelknollen die Stiele dicht oberhalb der Knollen abschneiden. Braune Stellen und Blätter entfernen. Wurzelenden gerade schneiden. Knollen waschen, abtropfen lassen und in Würfel schneiden. Kartoffeln waschen, schälen, abspülen, abtropfen lassen und ebenfalls in Würfel schneiden.

8. Das vorbereitete Gemüse und die Kartoffelwürfel nach etwa 10 Minuten Garzeit zu den Hähnchen in den Bräter geben. Die Brühe hinzugießen. Die Hähnchen mit dem Gemüse fertig garen, evtl. noch etwas Wasser hinzufügen.

9. Die Hähnchen mit zerlassener Butter bestreichen, mit dem Schmorgemüse anrichten und mit dem beiseitegelegten Dill bestreut servieren.

Beilage: Roggen- oder Weizenbaguette.

Eier in Näpfchen mit Lachs-Kräuter-Creme

Mit Alkohol

4 Portionen

Pro Portion: E: 15 g, F: 19 g, Kh: 13 g, kJ: 1195, kcal: 286, BE: 1,0

125 g TK-Lachsfilet
Salz
1 EL Wasser
1 EL Weißwein oder Zitronensaft
100 g Schlagsahne
8 Blättchen vom Selleriegrün
frisch gemahlener Pfeffer
4 Eier (Größe M)

etwas Dill, Petersilie und Selleriegrün
4 Scheiben Toastbrot

Außerdem:
4 Souffléförmchen

Zubereitungszeit: 20 Minuten, ohne Auftauzeit
Garzeit: 5–6 Minuten

1. Lachsfilet nach Packungsanleitung auftauen lassen, kurz unter fließendem kalten Wasser abspülen und trocken tupfen. Lachsfilet mit 1 Prise Salz, Wasser und Weißwein oder Zitronensaft in einem kleinen Topf kurz aufkochen lassen. Den Topf von der Kochstelle nehmen. Den Topf mit dem Deckel verschließen. Lachsfilet etwa 5 Minuten ziehen lassen (pochieren).

2. Lachsfilet aus dem Sud nehmen, etwas abkühlen lassen und in Stücke zupfen, dabei evtl. Gräten mitentfernen.

3. Eine Fettpfanne knapp zur Hälfte mit Wasser füllen und in den Backofen schieben. Den Backofen vorheizen.
Ober-/Unterhitze: etwa 150 °C

4. Sahne in einem Topf zum Kochen bringen und um die Hälfte einkochen lassen. Selleriegrünblättchen abspülen, trocken tupfen und in feine Streifen schneiden. Lachsstückchen und Selleriestreifen unter die Sahne rühren. Mit Salz und Pfeffer würzen.

5. Vier Souffléförmchen mit etwas Butter ausstreichen, leicht mit Salz und Pfeffer ausstreuen. Je 1 Ei in die Förmchen schlagen. Die Förmchen in die knapp zur Hälfte mit Wasser gefüllte Fettpfanne stellen. Die Eier 5–6 Minuten stocken lassen.

6. Dillspitzen, Petersilienblättchen und klein geschnittenes Selleriegrün abspülen und trocken tupfen.

7. Die Förmchen aus dem Backofen nehmen. Die Lachs-Selleriegrün-Creme auf den Eiern verteilen. Mit Dill, Petersilie und Selleriegrün garnieren. Die Brotscheiben toasten und dazureichen.

Tipp: Lachsfilet kann auch durch Räucherlachs ersetzt werden.

Eier-Häckerle mit Kresse

Beliebt – für die Party

etwa 800 g

Insgesamt: E: 54 g, F: 91 g, Kh: 33 g, kJ: 4922, kcal: 1175, BE: 2,5

140 g Gemüsemais (aus der Dose)
6 hart gekochte Eier
100 g Salatmayonnaise
150 g Magermilch-Joghurt
1 TL mittelscharfer Senf
Salz
frisch gemahlener Pfeffer
1 kleine Schalotte
1 Kästchen Kresse
1 Bund Schnittlauch

Zubereitungszeit: 15 Minuten, ohne Abkühlzeit
Haltbarkeit: im Kühlschrank 3–4 Tage

1. Mais in einem Sieb gut abtropfen lassen. Eier pellen und fein hacken. Mayonnaise mit Joghurt, Senf, Salz und Pfeffer verrühren. Schalotte abziehen und in kleine Würfel schneiden. Schalottenwürfel mit Mais und gehackten Eiern unterrühren.

2. Kresse abspülen, trocken tupfen und abschneiden. Schnittlauch ebenfalls abspülen, trocken tupfen und in sehr feine Röllchen schneiden. Den Aufstrich nochmals mit Salz und Pfeffer abschmecken. Kresse und Schnittlauchröllchen unterrühren, in ein verschließbares Gefäß füllen und in den Kühlschrank stellen.

Beilage: Mischbrot, Roggen-Vollkornbrot, aber auch Toast oder Baguette.

Tipp: Auch köstlich mit gewürfeltem Kochschinken und roten Paprikawürfeln.

Extratipp: Eier-Häckerle ist auch eine ideale Basis für einen **feinen Nudel- oder Kartoffelsalat.** Dafür etwa 750 g gekochte, gepellte Kartoffeln in Scheiben schneiden und mit dem Aufstrich vermischen. Oder etwa 400 g gegarte, abgekühlte Nudeln mit dem Aufstrich vermischen. Die Salate etwa 30 Minuten durchziehen lassen, nochmals mit Salz und Pfeffer abschmecken. Falls die Konsistenz zu fest sein sollte, noch etwas Gemüsebrühe unterrühren.

Entenbrust mit Beifuß

Mit Alkohol

4 Portionen

Pro Portion: E: 41 g, F: 55 g, Kh: 18 g, kJ: 3181, kcal: 759, BE: 1,5

2	*Entenbrustfilets (je etwa 400 g)*
	Salz
	frisch gemahlener Pfeffer
1	*Rote Bete (150–180 g)*
250 g	*kernlose, grüne und blaue Weintrauben*
2 EL	*Speiseöl*
4 kleine Zweige	*Beifuß oder gerebelter Beifuß*
100 g	*Walnusskerne*
1 TL	*Zucker*
200 ml	*trockener Rotwein, z. B. Bordeaux oder ein leichter Merlot*
200 ml	*Enten- oder Geflügelfond oder -brühe*
½ EL	*Crema di Balsamico*
evtl. 1 Zweig	*Beifuß*

Zubereitungszeit: 45 Minuten
Garzeit: Entenbrust 25–30 Minuten

1. Entenbrustfilets kurz unter fließendem kalten Wasser abspülen und trocken tupfen. Die Haut mit einem scharfen Messer einschneiden. Entenbrustfilets mit Salz und Pfeffer würzen.

2. Rote Bete waschen, schälen, abspülen, abtropfen lassen und in Stifte schneiden. Rote-Bete-Stifte in kochendem Salzwasser etwa 10 Minuten garen, herausnehmen und in einem Sieb abtropfen lassen.

3. Den Backofen vorheizen.
Ober-/Unterhitze: etwa 180 °C
Heißluft: etwa 160 °C

4. Weintrauben abspülen, trocken tupfen, entstielen und halbieren.

5. Speiseöl in einer Pfanne erhitzen. Entenbrustfilets (Hautseite zuerst) darin von beiden Seiten 5–10 Minuten anbraten, herausnehmen und in eine feuerfeste Form oder Auflaufform (gefettet) legen. Die Form auf dem Rost in den vorgeheizten Backofen schieben. Entenbrust **etwa 20 Minuten garen.**

6. In der Zwischenzeit Beifuß abspülen und trocken tupfen. Die Blättchen von den Stängeln zupfen. Blättchen klein schneiden.

7. Rote-Bete-Stifte, Walnusskerne und Weintraubenhälften in der Pfanne in dem verbliebenen Bratfett (Entenbrustfilets) unter mehrmaligem Wenden anbraten. Zucker daraufstreuen und karamellisieren lassen. Rotwein und Fond oder Brühe hinzugießen. Beifuß und Crema di Balsamico unterrühren. Mit Salz und Pfeffer würzen. Die Zutaten zum Kochen bringen und etwa 10 Minuten einkochen lassen. Nochmals mit den Gewürzen abschmecken.

8. Entenbrustfilets mit der Rote-Bete-Weintrauben-Sauce anrichten. Nach Belieben mit abgespültem und trocken getupftem Beifuß garniert servieren.

Erbsen-Hummus mit Minze

Etwas Besonderes

4 Portionen

Pro Portion: E: 12 g, F: 16 g, Kh: 32 g, kJ: 1343, kcal: 321, BE: 2,5

250 g TK-Erbsen
Salz
250 g Kichererbsen (aus der Dose)
2 Stängel Minze
25 g Tahini (Sesampaste, erhältlich im Asialaden oder in türkischen Lebensmittelläden)
50 g griechischer Sahnejoghurt (10 % Fett)
1 TL Kreuzkümmel
1 EL Limettensaft

Zum Dippen:

100 g Gemüsechips (aus der Tüte)

Zubereitungszeit: 20 Minuten

1. Erbsen unaufgetaut in kochendem Salzwasser etwa 5 Minuten garen. Die Erbsen mit eiskaltem Wasser abschrecken und gut abtropfen lassen.

2. Kichererbsen in ein Sieb geben, mit kaltem Wasser abspülen und abtropfen lassen. Die Minze abspülen und trocken tupfen. Die Blättchen von den Stängeln zupfen.

3. Erbsen, Kichererbsen, Tahini, Joghurt, die Hälfte der Minzeblättchen, Kreuzkümmel, Salz und Limettensaft in einen hohen Rührbecher geben. Die Zutaten mit einem Stabmixer zu einer feinen Paste pürieren.

4. Erbsen-Hummus in Schälchen anrichten und mit den restlichen Minzeblättchen garnieren.

5. Erbsen-Hummus mit den Gemüsechips zum Dippen servieren.

Estragon

Estragon gehört zur Familie der Korbblütler. Er ist mit Beifuß und Wermuth verwandt. Als Gewürz werden die frischen Blätter verwendet. Sie haben einen sehr intensiven würzig-herben Geschmack. Das Aroma ist unverwechselbar, leicht bitter und süß. Er wird vor allem in der französischen Küche verwendet. Estragon harmoniert besonders gut mit Basilikum, Salbei, Zitrone, Schnittlauch und Kerbel. Er passt zu: Suppen, Saucen (zum Beispiel Sauce béarnaise), Fisch, hellen Geflügel- und Fleischgerichten, Gemüse, Getreidespeisen, Omeletts und Kräuteressig oder -butter.

Estragonessig

Preiswert

etwa 500 ml (1/2 l)

Insgesamt: E: 2 g, F: 0 g, Kh: 3 g, kJ: 399, kcal: 96, BE: 0,5

2 Zweige	*Estragon*
500 ml (1/2 l)	*Weißweinessig*

Zubereitungszeit: 5 Minuten
Durchziehzeit: kühl und dunkel gestellt etwa 14 Tage

1. Estragonzweige abspülen, abtropfen lassen, in eine vorbereitete, gut gesäuberte Flasche geben und mit Essig auffüllen.

2. Die Flasche gut verschließen und etwa 14 Tage an einem dunklen, kühlen Ort (Keller) stehen lassen.

Fisch Caprese mit Basilikum

Einfach

4 Portionen

Pro Portion: E: 38 g, F: 27 g, Kh: 4 g, kJ: 1718, kcal: 412, BE: 0,0

4	*Tomaten*
2	*kleine Zucchini*
250 g	*Mozzarella-Käse*
	Salz
	frisch gemahlener Pfeffer
1 EL	*Tessiner Gewürzmischung oder getrocknete, italienische Kräuter*
4 EL	*Olivenöl*
4	*Pangasius- oder Seelachsfilets (je etwa 130 g)*
einige Stängel	*Basilikum*

Zubereitungszeit: 40 Minuten
Garzeit: 25–30 Minuten

1. Tomaten abspülen, trocken tupfen und die Stängelansätze herausschneiden. Die Tomaten in Scheiben schneiden. Zucchini abspülen, abtrocknen und die Enden abschneiden. Zucchini in 1–2 cm dicke Scheiben schneiden. Mozzarella abtropfen lassen und in 12 Scheiben schneiden.

2. Den Backofen vorheizen.
Ober-/Unterhitze: etwa 200 °C
Heißluft: etwa 180 °C

3. Die Hälfte der Tomaten-, Zucchini- und Mozzarellascheiben dachziegelartig in eine flache Auflaufform (gefettet) schichten. Mit Salz, Pfeffer und der Hälfte der Gewürzmischung oder der Kräuter bestreuen. 2 Esslöffel des Olivenöls daraufträufeln.

4. Fischfilets kurz unter fließendem kalten Wasser abspülen und trocken tupfen. Mit Salz und Pfeffer würzen. Die Fischfilets auf die Gemüse-Mozzarella-Mischung legen. Die restlichen Tomaten-, Zucchini- und Mozzarellascheiben dachziegelartig darauflegen. Mit Salz, Pfeffer, der restlichen Gewürzmischung oder den Kräutern bestreuen und mit dem restlichen Olivenöl beträufeln.

5. Die Form ohne Deckel auf dem Rost in den vorgeheizten Backofen schieben. Fisch Caprese **25–30 Minuten garen.**

6. Basilikum abspülen und trocken tupfen. Die Blättchen von den Stängeln zupfen. Blättchen in Streifen schneiden. Fisch Caprese mit Basilikumstreifen bestreut servieren.

Beilage: Reis oder Kartoffelpüree.

Fischfilet mit Zitronenthymian

Raffiniert

4 Portionen

Pro Portion: E: 32 g, F: 10 g, Kh: 3 g, kJ: 986, kcal: 236, BE: 0,2

8	*Fischfilets (je etwa 80 g), z. B. Filets vom roten Fusilier-Fisch*
	Salz, frisch gemahlener Pfeffer
je 1	*Bio-Limette und Bio-Zitrone (unbehandelt, ungewachst)*
einige Zweige	*Zitronenthymian*
2 EL	*gehobelte Mandeln (40 g)*
3 EL	*Olivenöl*
40 g	*Butter*
1 EL	*rosa Pfefferbeeren*
einige Zweige	*Thymian*

Zubereitungszeit: 30 Minuten, ohne Ziehzeit

1. Fischfilets kurz unter fließendem kalten Wasser abspülen und trocken tupfen. Mit Salz und Pfeffer würzen, etwa 10 Minuten einziehen lassen.

2. Limette und Zitrone heiß abwaschen, abtrocknen, in dünne Scheiben schneiden. Thymian abspülen und trocken tupfen.

3. Mandeln in einer Pfanne ohne Fett unter Rühren goldbraun rösten, herausnehmen und auf einen Teller legen.

4. Olivenöl in einer Pfanne erhitzen. Fischfilets darin etwa 5 Minuten von beiden Seiten braten, herausnehmen, auf eine Platte legen und warm stellen.

5. Butter in der Pfanne in dem verbliebenen Bratfett zerlassen. Limetten-, Zitronenscheiben und Thymianzweige darin andünsten, herausnehmen und auf einer Platte anrichten.

6. Warm gestellte Fischfilets darauf verteilen. Mit rosa Pfefferbeeren und gerösteten Mandeln bestreuen. Mit abgespülten und trocken getupften Thymianzweigen garniert servieren.

Beilage: Klebreis mit süßsaurer Sauce und Blattsalat.

Tipp: Fusilier-Fisch ist ein Verwandter des Red Snapper, den Sie ebenso verwenden können.

Flusskrebse in Dillsauce

Für Gäste – mit Alkohol

4 Portionen

Pro Portion: E: 22 g, F: 29 g, Kh: 4 g, kJ: 1716, kcal: 410, BE: 0,5

24 Flusskrebse
1 Bund Suppengrün (Möhre, Sellerie, Porree)
10 g Kümmelsamen
Salz

½ kleine Salatgurke
2 Schalotten
1 Bund Dill
100 g Butter
100 ml trockener Weißwein
100 ml Wermut (Noilly Prat)
100 g Schlagsahne
4 EL Brühe von den Krebsen
frisch gemahlener Pfeffer

Zubereitungszeit: 50 Minuten

1. Krebse gründlich unter fließendem kalten Wasser abbürsten und abtropfen lassen.

2. Möhre und den Sellerie putzen, schälen, abspülen, abtropfen lassen und grob zerkleinern. Porree putzen, die Stange längs halbieren, gründlich waschen, abtropfen lassen und in Stücke schneiden.

3. Die Krebse mit dem vorbereiteten Suppengrün und Kümmel in kochendem Salzwasser etwa 5 Minuten kochen lassen. Krebse mit einer Schaumkelle herausnehmen und abtropfen lassen.

4. Salatgurke heiß abwaschen, abtrocknen, mit einem Kugelausstecher kleine Kugeln ausstechen und in kochendem Salzwasser etwa 2 Minuten kochen lassen. Gurkenkugeln mit einer Schaumkelle herausnehmen und abtropfen lassen.

5. Schalotten abziehen und in kleine Würfel schneiden. Dill abspülen und trocken tupfen. Die Spitzen von den Stängeln zupfen, Spitzen klein schneiden.

6. Die Hälfte der Butter in einem Topf zerlassen. Die Schalottenwürfel darin andünsten, mit Wein und Wermut ablöschen. Sahne mit 4 Esslöffeln von der Krebsbrühe hinzugießen. Die Sauce einkochen lassen. Dill unterrühren. Mit Salz und Pfeffer abschmecken. Restliche Butter in Flöckchen unter die Sauce schlagen.

7. Die Krebsschwänze aus den Schalen lösen, mit den Gurkenkugeln in die Sauce geben und nochmals kurz erwärmen.

Tipp: Kleine Kartoffeln oder Reis dazureichen.

Forellenpäckchen mit Dill

Mit Alkohol
2 Portionen

Pro Portion: E: 41 g, F: 37 g, Kh: 25 g, kJ: 2548, kcal: 607, BE: 1,5

2	*Forellenfilets (ohne Haut, je etwa 175 g)*
½	*Salatgurke*
1	*kleine Zwiebel*
12	*Cocktailtomaten*
300 g	*Kartoffeln*
3 EL	*Olivenöl*
3 EL	*Weißwein*
3 EL	*Gemüsebrühe*
	Salz, frisch gemahlener Pfeffer
2 TL	*grob körniger Senf*
2–3 Stängel	*Dill*

Außerdem:

6 Blätter	*Pergamentpapier (etwa 28 x 38 cm)*
3 EL	*Speiseöl*
	Küchengarn

Zubereitungszeit: 40 Minuten
Garzeit: etwa 33 Minuten

1. Je 3 Blätter Pergamentpapier übereinanderlegen. Dabei jeweils das 1. und 2. Blatt dünn mit Speiseöl bestreichen.

2. Von den Forellenfilets die Gräten mit einer Pinzette herausziehen. Forellenfilets evtl. kurz unter fließendem kalten Wasser abspülen und trocken tupfen. Gurkenhälfte schälen, längs halbieren, entkernen und in sehr kleine Würfel schneiden. Zwiebel abziehen und klein würfeln.

3. Tomaten abspülen, abtropfen lassen und die Stängelansätze herausschneiden. Tomaten in kleine Stücke schneiden. Kartoffeln waschen, schälen, abspülen, abtropfen lassen und in sehr kleine Würfel schneiden.

4. Olivenöl in einer Pfanne erhitzen. Kartoffelwürfel darin etwa 10 Minuten bei mittlerer Hitze unter mehrmaligem Wenden bissfest garen.

5. Den Backofen vorheizen.
Ober-/Unterhitze: etwa 200 °C
Heißluft: etwa 180 °C

6. Gurken- und Zwiebelwürfel unter die Kartoffelwürfel mischen, weitere etwa 3 Minuten garen. Wein und Brühe hinzugießen, aufkochen lassen. Mit Salz und Pfeffer würzen. Tomatenwürfel unterheben.

7. Das Gemüse in die Mitte der übereinandergelegten Pergamentpapierblätter geben. Die Fischfilets mit Senf bestreichen, mit Salz würzen und auf das Gemüse legen. Dill abspülen und trocken tupfen. Die Spitzen von den Stängeln zupfen. Spitzen grob zerkleinern und auf den Fischfilets verteilen.

8. Das Papier wie ein „Bonbon“ zu einem Päckchen verschließen, sodass die Nahtseite oben liegt. Das „Bonbon“ mit Küchengarn fest zusammenbinden und auf ein Backblech legen.

9. Das Backblech in den vorgeheizten Backofen schieben. Forellenfilets mit dem Gemüse **etwa 20 Minuten garen.**

Frankfurter Grüne Sauce (Kräutersauce)

Klassisch

4 Portionen

Pro Portion: E: 4 g, F: 13 g, Kh: 7 g, kJ: 677, kcal: 162, BE: 0,5

etwa 150 g	*frische Kräuter für Frankfurter Grüne Sauce*
150 g	*Crème fraîche oder saure Sahne*
1	*kleine Zwiebel*
150 g	*Joghurt*
1–2 EL	*Olivenöl*
1 TL	*mittelscharfer Senf*
1 Spritzer	*Zitronensaft*
½ TL	*Zucker*
	Salz, frisch gemahlener Pfeffer

Zubereitungszeit: 20 Minuten

1. Kräuter abspülen und trocken tupfen. Die Blättchen von den Stängeln zupfen. Blättchen grob zerschneiden, mit 2 Esslöffeln Crème fraîche oder saurer Sahne in einer Rührschüssel pürieren. Oder die Kräuter sehr fein schneiden und mit Crème fraîche oder saurer Sahne verrühren. Die Zwiebel abziehen und in kleine Würfel schneiden.

2. Restliche Crème fraîche oder saure Sahne, Joghurt, Zwiebelwürfel, Olivenöl und den Senf mit der Kräuter-Crème-fraîche-Masse verrühren. Die Sauce mit Zitronensaft, Zucker, Salz und Pfeffer würzen und bis zum Servieren kalt stellen.

Tipp: Frankfurter Grüne Sauce zu neuen Kartoffeln mit hart gekochten Eiern oder zu gekochtem Rindfleisch reichen.

Extratipps: In die „echte" Frankfurter Grüne Sauce gehören 7 frische Kräuter. Je nach Jahreszeit kann die Zusammenstellung variiert werden. Es gibt abgepackte Kräutermischungen für die Sauce zu kaufen (etwa 150 g). Sie können auch 1 Bund gemischte Kräuter, z. B. Petersilie, Schnittlauch, Kerbel, Pimpinelle, Borretsch, Zitronenmelisse und Kresse oder Sauerampfer, verwenden. Oder die frischen Kräuter durch TK-Kräuter ersetzen.

Gänseblümchen

Gänseblümchen gehören zu den Korbblütlern. Junge Blätter und Blüten werden als Salat verwendet. Die Blüten schmecken leicht nussig und werden gern als essbare Dekoration verwendet.

Gänsebraten Bismarck mit Beifuß

Mit Alkohol
8 Portionen

Pro Portion: E: 70 g, F: 80 g, Kh: 23 g, kJ: 4622, kcal: 1104, BE: 2,0

1 küchenfertige Gans (etwa 4 kg)
Salz, frisch gemahlener Pfeffer

Für die Füllung:
500 g Weißkohl
3 Zwiebeln
40 g Schweineschmalz
gehackter Kümmelsamen
gerebelter Majoran
gerebelter Beifuß

300 g Bratwurstbrät
4 große Äpfel, z. B. Boskop

250 ml (1/4 l) Weißwein
300 ml Geflügelfond
1/2 EL zerkleinerte Wacholderbeeren
250 g Maronen (aus der Dose)
1 EL Speiseöl
1 EL Zucker
100 ml Geflügelfond

Außerdem:
Küchengarn oder Holzstäbchen

Zubereitungszeit: 45 Minuten, ohne Abkühlzeit
Garzeit: etwa 3 1/2 Stunden

1. Die Gans innen und außen unter fließendem kalten Wasser abspülen, trocken tupfen, innen und außen mit Salz und Pfeffer einreiben.

2. Den Backofen vorheizen.
Ober-/Unterhitze: etwa 200 °C
Heißluft: etwa 180 °C

3. Für die Füllung den Weißkohl von den schlechten äußeren Blättern befreien. Den Kohl vierteln und den Strunk herausschneiden. Kohlviertel abspülen, abtropfen lassen und in Streifen schneiden. Zwiebeln abziehen und in kleine Würfel schneiden.

4. Schweineschmalz in einem Topf zerlassen. Weißkohlstreifen und Zwiebelwürfel darin andünsten. Mit Kümmel, Majoran, Beifuß, Salz und Pfeffer würzen. Weißkohlmasse abkühlen lassen und mit dem Bratwurstbrät vermengen. Äpfel schälen, vierteln, entkernen, in kleine Stückchen schneiden, zur Kohl-Brät-Masse geben und untermischen.

5. Die Gans mit der Kohl-Brät-Masse füllen. Die Öffnung mit Küchengarn oder Holzstäbchen verschließen. Eine Fettpfanne (mit Wasser ausgespült) in den vorgeheizten Backofen (unteres Drittel) schieben. Gans mit dem Rücken nach unten auf einen Rost legen und den Rost oberhalb der Fettpfanne in den vorgeheizten Backofen schieben. Gans **etwa 3 1/2 Stunden garen.**

6. Während des Garens ab und zu unterhalb der Flügel und Keulen mit einer Nadel in die Gans stechen, damit das Fett besser ausbraten kann. Nach etwa 45 Minuten Garzeit das angesammelte Fett abschöpfen. Weißwein und Geflügelfond hinzugießen. Wacholderbeeren hinzugeben. Die Gans weitergaren lassen, dabei ab und zu mit dem Bratensatz begießen.

7. Nach etwa 1 1/2 Stunden Garzeit die Gans wenden und fertig garen. Die Gans herausnehmen, Küchengarn oder Holzstäbchen entfernen. Gans in Portionsstücke teilen und warm stellen.

8. Heißes Wasser zum Bratensatz geben, unter Rühren loskochen, in einen Topf geben und etwas einkochen lassen. Fett abschöpfen. Die Sauce mit Salz, Pfeffer und Majoran abschmecken.

9. Maronen in einem Sieb abtropfen lassen. Speiseöl in einer Pfanne erhitzen, Zucker hinzugeben und karamellisieren lassen. Maronen hinzufügen und von allen Seiten mit dem Karamell überziehen.

10. Geflügelfond hinzugießen. Die Maronen darin etwa 5 Minuten dünsten und zu dem Gänsebraten servieren.

Beilage: Rotkohl, Kartoffelklöße.

Garnelenspieße auf Zitronengras

Exotisch

2 Portionen als Vorspeise

Pro Portion: E: 26 g, F: 8 g, Kh: 4 g, kJ: 815, kcal: 195, BE: 0,5

2 dicke Stängel Zitronengras (je 10–15 g)
12 küchenfertige Garnelen (je etwa 20 g)
8 Kaffirblätter (Limettenblätter)
Salz
Cayennepfeffer
2 EL Olivenöl
1 EL Limettensaft
20 g klein gehackte, geröstete und gesalzene Cashewkerne

Zubereitungszeit: 15 Minuten

1. Die Zitronengrasstängel der Länge nach halbieren. Garnelen kurz unter fließendem kalten Wasser abspülen und trocken tupfen, evtl. entdarmen. Kaffirblätter evtl. kurz abspülen und trocken tupfen.

2. Jeweils 3 Garnelen und 2 Kaffirblätter auf je einen Zitronengrasstängel spießen. Mit Salz und Cayennepfeffer würzen.

3. Das Olivenöl in einer weiten Pfanne erhitzen. Die Garnelenspieße darin von jeder Seite etwa 2 Minuten bei mittlerer Hitze braten. Die Garnelenspieße aus der Pfanne nehmen und mit Limettensaft beträufeln.

4. Spieße nach Belieben auf einer flachen Schale anrichten und mit Cashewkernen bestreut servieren.

Gebratenes Zanderfilet mit Löffelkrautbutter

Für Gäste – mit Alkohol

4 Portionen

Pro Portion: E: 42 g, F: 41 g, Kh: 26 g, kJ: 2782, kcal: 663, BE: 2,0

Für das Linsengemüse:

160 g gelbe Linsen
300 ml Gemüsefond
1 Knoblauchzehe
1 EL Sherry- oder Balsamico-Essig
Salz
frisch gemahlener Pfeffer

Für die Sauce:

1 kleine Schalotte oder Zwiebel
80 ml trockener Weißwein
150 ml Fisch- oder Gemüsefond
2 Handvoll Löffelkrautblätter
200 g Schlagsahne
100 g eiskalte Butter

Für das Zanderfilet:

4 Zanderfilets (mit oder ohne Haut, je 150–160 g)
2 EL Speiseöl

Zubereitungszeit: 30 Minuten
Garzeit: Linsen etwa 25 Minuten, Zander etwa 3 Minuten

1. Die Linsen in ein Sieb geben, mit kaltem Wasser abspülen und gut abtropfen lassen. Linsen mit dem Fond in einen Topf geben. Knoblauch abziehen und hinzugeben. Linsen zum Kochen bringen und zugedeckt etwa 25 Minuten bei schwacher Hitze weich kochen. Sherry oder Essig unterrühren. Linsen mit Salz und Pfeffer würzen, warm stellen.

2. Für die Sauce Schalotte oder Zwiebel abziehen und klein würfeln. Wein mit Zwiebel- oder Schalottenwürfeln und dem Fond in einem kleinen Topf zum Kochen bringen, auf ein Viertel (der ursprünglichen Menge) einkochen lassen.

3. Löffelkrautblätter abspülen und trocken tupfen. Die Blättchen klein schneiden. Sahne und Löffelkraut zu dem Weinfond in den Topf geben und unterrühren. Nochmals kurz aufkochen lassen. Anschließend mit einem Stabmixer zu einer grünen Sauce pürieren. Eiskalte Butter in kleine Würfel schneiden und in die Sauce rühren. Mit Salz und Pfeffer abschmecken. Sauce warm stellen, nicht mehr kochen lassen.

4. Zanderfilets kurz unter fließendem kalten Wasser abspülen und trocken tupfen. Mit Salz und Pfeffer würzen. Speiseöl in einer Pfanne erhitzen. Zanderfilets darin von beiden Seiten etwa 3 Minuten anbraten.

5. Zanderfilets mit dem Linsengemüse und der Sauce auf vorgewärmten Tellern anrichten.

Gegarte Feigen in Karamellsirup mit Ananasminz-Zabaione

Etwas Besonderes – für Gäste

4 Portionen

Pro Portion: E: 5 g, F: 5 g, Kh: 49 g, kJ: 1095, kcal: 261, BE: 4,0

4 Stängel frische Ananasminze
50 g Zucker
250 ml (1/4 l) Wasser
16 frische Feigen
2 Eigelb (Größe M)

Zubereitungszeit: 15 Minuten, ohne Abkühlzeit

1. Ananasminze abspülen und gut trocken tupfen. Die Spitzen von den Stängeln schneiden und zum Garnieren beiseitelegen. Spitzen am besten in kaltem Wasser aufbewahren, dann bleiben sie frisch. Restliche Blättchen von den Stängeln zupfen. Blättchen in feine Streifen schneiden. Die Stängel mit dem Messerrücken etwas schlagen, sodass sie ihr Aroma nachher im Karamellsirup besser entfalten können.

2. Den Zucker in einem Topf goldgelb karamellisieren. Den Topf von der Kochstelle nehmen. Mit dem Wasser ablöschen (Vorsicht spritzt!). Die Minzestängel hinzugeben. Die Karamellmasse zum Kochen bringen und bei schwacher Hitze so lange kochen lassen, bis sich der Karamell aufgelöst hat. Dabei gelegentlich umrühren.

3. Die Feigen entstielen, vorsichtig schälen und in den Karamellsirup legen. Wieder zum Kochen bringen und 1–2 Minuten bei schwacher Hitze kochen lassen. Den Topf von der Kochstelle nehmen.

4. Die Feigen mit einer Schaumkelle aus dem Sirup heben, abtropfen lassen und beiseitelegen. Den Karamellsirup durch ein Sieb passieren, wieder in den Topf geben, zum Kochen bringen und um die Hälfte (etwa 150 ml) einkochen lassen. Sirup abkühlen lassen.

5. Eigelb in einer Edelstahlschüssel mit einem Schneebesen verrühren. Nach und nach den Karamellsirup unterrühren. Die Eigelb-Sirup-Masse über dem heißen Wasserbad schlagen, bis ein dicklicher Schaum entstanden ist (Wasser im Topf sollte kurz vorm Kochen sein/nicht kochen). Dann die Minzestreifen unter die Zabaione heben.

6. Feigen mit der Zabaione anrichten und mit den beiseitegelegten Minzespitzen garniert sofort servieren.

Gelbe Pflaumenkonfitüre mit Lavendelblüten

Raffiniert

etwa 7 Gläser zu je 200 ml

Insgesamt: E: 11 g, F: 3 g, Kh: 639 g, kJ: 11366, kcal: 2684, BE: 53,5

1 kg	*gelbe Pflaumen (vorbereitet gewogen)*
1	*Bio-Orange (unbehandelt, ungewachst)*
2–3	*Orangen*
etwa 5 Stängel	*getrocknete Lavendelblüten (unbehandelt) oder 1 EL frische, unbehandelte Lavendelblüten*
500 g	*Super Gelierzucker 3:1*

Zubereitungszeit: 50 Minuten
Haltbarkeit: kühl und dunkel gestellt 3–4 Monate

1. Pflaumen heiß abwaschen, trocken tupfen, halbieren und entsteinen. 1 kg Fruchtfleisch abwiegen und in kleine Würfel schneiden.

2. Bio-Orange heiß abwaschen und abtrocknen. Die Schale möglichst dünn abschälen und in kurze, feine Streifen schneiden.

3. Alle Orangen, auch die Bio-Orange, so schälen, dass die weiße Haut vollständig entfernt wird. Orangenfilets herausschneiden, dabei den Saft auffangen.

4. Von den Orangenfilets und dem aufgefangen Saft insgesamt 400 g abwiegen. Die Orangenfilets in kleine Stücke schneiden. Die Lavendelblüten von den Stängeln streifen.

5. Pflaumenwürfel, Orangenstücke, Orangensaft und -schale mit Gelierzucker in einem großen Kochtopf gut verrühren.

6. Die Zutaten unter Rühren bei starker Hitze zum Kochen bringen und mindestens 3 Minuten unter ständigem Rühren sprudelnd kochen lassen. Den Topf von der Kochstelle nehmen.

7. Kochgut eventuell abschäumen. Die Lavendelblüten unter die Konfitüre rühren und sofort randvoll in vorbereitete Gläser füllen. Gläser mit Twist-off-Deckeln® verschließen, umdrehen und etwa 5 Minuten auf den Deckeln stehen lassen.

Tipps: Die Konfitüre schmeckt gut zu Vanilleeis mit Schokoladensauce. Anstelle der gelben Pflaumen können auch Renekloden verwendet werden.

Gemüsecurry mit Koriander

Vegetarisch

2 Portionen

Pro Portion: E: 5 g, F: 23 g, Kh: 21 g, kJ: 1280, kcal: 309, BE: 1,5

1	*rote Paprikaschote*
100 g	*frische Shiitake-Pilze*
2 Stangen	*Frühlingszwiebeln*
100 g	*Zuckerschoten*
1–2	*Knoblauchzehen*
½	*rote Chilischote*
20 g	*frische Ingwerwurzel*
1 EL	*Speiseöl*
200 ml	*Gemüsebrühe*
200 ml	*Kokosmilch*
1	*Bio-Limette (unbehandelt, ungewachst)*
	Salz
1 TL	*Speisestärke*
3–4 Stängel	*Koriander*

Zubereitungszeit: 30 Minuten
Garzeit: etwa 3 Minuten

1. Paprikaschote halbieren, entstielen, entkernen und die weißen Scheidewände entfernen. Schotenhälften abspülen, abtropfen lassen und in sehr feine Streifen schneiden.

2. Pilze putzen, dabei die Stiele abschneiden. Pilze mit Küchenpapier abreiben, evtl. kurz abspülen, trocken tupfen und in dünne Scheiben schneiden.

3. Frühlingszwiebeln putzen, abspülen und abtropfen lassen. Frühlingszwiebeln mit dem hellen Grün schräg in Ringe schneiden.

4. Von den Zuckerschoten die Enden abschneiden, evtl. abfädeln. Zuckerschoten abspülen, abtropfen lassen und längs durchschneiden. Knoblauch abziehen und in sehr kleine Würfel schneiden.

5. Chilischote abspülen, trocken tupfen, entstielen und mit den Kernen in dünne Streifen schneiden. Ingwer schälen und fein reiben.

6. Speiseöl in einem Wok erhitzen. Zuerst Zuckerschotenhälften, Paprikastreifen und Pilzscheiben darin etwa 1 Minute unter Wenden stark andünsten. Dann Frühlingszwiebelringe, Chilistreifen, Knoblauchwürfel und Ingwer hinzugeben, kurz mitdünsten lassen. Die Brühe und Kokosmilch hinzugießen, zum Kochen bringen und etwa 2 Minuten kochen lassen.

7. Die Limette heiß abwaschen, abtrocknen und die Schale fein abreiben. Limette halbieren und den Saft auspressen. Limettenschale und 2 Esslöffel des Limettensaftes unter das Gemüsecurry rühren. Mit Salz würzen.

8. Speisestärke mit etwas Wasser anrühren, in das Curry rühren und unter Rühren aufkochen lassen.

9. Koriander abspülen und trocken tupfen. Die Blättchen von den Stängeln zupfen. Blättchen grob zerschneiden und unter das Curry mischen.

Gemüseragout mit Dill

Klassisch

4 Portionen

Pro Portion: E: 7 g, F: 16 g, Kh: 25 g, kJ: 1145, kcal: 274, BE: 2,0

4	*Möhren (etwa 400 g)*
2	*Kohlrabi (etwa 400 g)*
1	*Salat- oder Schmorgurke (etwa 400 g)*
500 g	*grüner Spargel*
400 g	*kleine, festkochende Kartoffeln*
	Salz
1 Bund	*Dill*
2	*Knoblauchzehen*
6 EL	*Olivenöl*
200 ml	*Gemüsebrühe*
	frisch gemahlener Pfeffer

Zubereitungszeit: 45 Minuten
Garzeit: 10–15 Minuten

1. Möhren putzen, schälen, abspülen, abtropfen lassen und in Scheiben schneiden. Die Kohlrabi schälen, abspülen, abtropfen lassen und in Stifte schneiden. Salat- oder Schmorgurke abspülen, trocken tupfen, längs halbieren und die Kerne mit einem Löffel entfernen. Gurkenhälften in etwa 2 cm dicke Stücke schneiden.

2. Vom Spargel das untere Drittel schälen und die unteren Enden abschneiden. Spargelstangen abspülen, abtropfen lassen, je nach Größe halbieren oder dritteln.

3. Kartoffeln unter fließendem Wasser sehr gründlich abbürsten und zugedeckt in kochendem Salzwasser etwa 15 Minuten garen.

4. In der Zwischenzeit den Dill abspülen und trocken tupfen. Die Spitzen von den Stängeln zupfen. Spitzen klein schneiden. Knoblauch abziehen und in kleine Würfel schneiden.

5. Möhrenscheiben und Spargelspitzen in kochendem Salzwasser je etwa 5 Minuten, Kohlrabistifte in kochendem Salzwasser 3–5 Minuten garen. Die Gemüsezutaten jeweils in einem Sieb abtropfen lassen.

6. Die garen Kartoffeln abgießen und in einem Sieb abtropfen lassen.

7. Jeweils etwas Olivenöl in einer Pfanne erhitzen. Die Kartoffeln und vorbereiteten Gemüsezutaten darin nacheinander unter Rühren andünsten, herausnehmen und in einen großen Topf geben. Brühe hinzugießen. Mit Salz und Pfeffer würzen. Dill und Knoblauchwürfel unterrühren. Die Zutaten zum Kochen bringen und zugedeckt 10–15 Minuten bei schwacher Hitze garen. Das Gemüse sollte noch etwas Biss haben.

Beilage: Baguette oder Zwiebelbaguette mit Kräuter-Knoblauch-Butter.

Tipp: Gemüseragout nach Belieben mit etwas angerührter Speisestärke binden.

Gnocchi in Salbeibutter

Für Gäste

2–3 Portionen

Pro Portion: E: 13 g, F: 28 g, Kh: 56 g, kJ: 2251, kcal: 538, BE: 4,5

500 g Kartoffeln
100 g Weizenmehl
2 Eigelb (Größe M)
1 Ei (Größe M)
Salz, frisch gemahlener Pfeffer
frisch geriebene Muskatnuss

60 g Butter
3 EL Tomatenwürfel (von enthäuteten, entkernten Tomaten)
2 EL in Streifen geschnittene Salbeiblätter

Zubereitungszeit: 30 Minuten
Garzeit: etwa 20 Minuten

1. Kartoffeln waschen, schälen, abspülen, knapp mit Wasser bedeckt zum Kochen bringen und zugedeckt in etwa 20 Minuten gar kochen. Kartoffeln abgießen, abdämpfen und sofort durch eine Kartoffelpresse in eine Schüssel drücken. Mehl, Eigelb und Ei unterarbeiten. Mit Salz, Pfeffer und Muskat würzen.

2. Teig auf einer leicht bemehlten Arbeitsfläche zu länglichen Rollen formen, in etwa 2 cm lange Stücke schneiden. Mit einer Gabel ein Muster eindrücken.

3. Gnocchi in kochendem Salzwasser etwa 5 Minuten kochen lassen, bis sie an der Oberfläche schwimmen. Gnocchi mit einem Schaumlöffel herausnehmen und abtropfen lassen.

4. Butter in einer Pfanne zerlassen. Tomatenwürfel und Salbeistreifen darin andünsten. Gnocchi hinzufügen und kurz durchschwenken.

Tipp: Sie können die Gnocchi auch in einer fruchtigen Tomatensauce servieren.

Gnocchi mit Vogelmiere und braunen Champignons

Für Gäste – etwas Besonderes

4 Portionen

Pro Portion: E: 10 g, F: 14 g, Kh: 75 g, kJ: 1948, kcal: 465, BE: 6,0

100 g	*Vogelmiere, weißblühend*
2 Pck.	*Gnocchi (etwa 800 g, aus dem Kühlregal)*
	Salz
300 g	*braune, kleine Champignons*
4	*Roma- oder Fleischtomaten (etwa 400 g)*
2	*Knoblauchzehen*
40 g	*Butter*
2 EL	*Olivenöl*
	frisch gemahlener, bunter Pfeffer

Zubereitungszeit: 30 Minuten

1. Vogelmiere verlesen, abspülen, trocken tupfen und klein schneiden.

2. Gnocchi in kochendem Salzwasser etwa 2 Minuten blanchieren. Anschließend in ein Sieb geben und abtropfen lassen.

3. Champignons putzen, mit Küchenpapier abreiben, evtl. kurz abspülen, trocken tupfen und in Scheiben schneiden.

4. Die Tomaten abspülen, trocken tupfen, halbieren, entkernen und die Stängelansätze entfernen. Tomatenhälften in Würfel schneiden. Knoblauch abziehen und durch eine Knoblauchpresse drücken oder in kleine Würfel schneiden.

5. Butter in einer Pfanne zerlassen, Olivenöl miterhitzen. Zuerst Champignonscheiben, dann Vogelmiere und zuletzt Gnocchi darin unter vorsichtigem Wenden leicht anbraten. Mit Salz, Pfeffer und Knoblauch würzen. Tomatenwürfel unterheben.

Tipp: Alternativ anstelle von Vogelmiere eine pikantere Version mit Pfefferblatt (auf Vorbestellung erhältlich in Gärtnereien oder guten Gemüsegeschäften) verwenden.

Gratinierte Ricotta-Spinat-Ravioli mit Daikonkresse

Etwas Besonderes - schnell

4 Portionen

Pro Portion: E: 17 g, F: 33 g, Kh: 42 g, kJ: 2258, kcal: 540, BE: 3,5

500 g	*frische Ravioli mit Ricotta-Spinat-Füllung*
	Salz
2	*Fleischtomaten*
20 g	*Butter*
1	*Ei (Größe M)*
150 g	*Schlagsahne*
	frisch gemahlener Pfeffer
75 g	*frisch geriebener Parmesan- oder Pecorino-Käse*
2 Schalen	*Daikonkresse*

Zubereitungszeit: 10 Minuten
Backzeit: 25–30 Minuten

1. Ravioli in kochendem Salzwasser nach Packungsanleitung al dente kochen. Ravioli in ein Sieb geben, kurz mit kaltem Wasser abspülen und gut abtropfen lassen. Tomaten abspülen, trocken tupfen, halbieren, entkernen und die Stängelansätze entfernen. Tomatenhälften in Würfel schneiden.

2. Den Backofen vorheizen.
Ober-/Unterhitze: etwa 200 °C
Heißluft: etwa 180 °C

3. Ravioli in eine Auflaufform (etwa 20 x 30 cm, mit Olivenöl gefettet) schichten. Dabei jeweils die einzelnen Schichten mit einigen Butterflöckchen belegen.

4. Ei mit Sahne verschlagen. Die Ravioli damit übergießen. Tomatenwürfel darauf verteilen. Mit Salz und Pfeffer würzen, mit Käse bestreuen.

5. Die Form auf dem Rost in den vorgeheizten Backofen schieben. Die Ravioli **25–30 Minuten backen.**

6. In der Zwischenzeit Daikonkresse abspülen, trocken tupfen und abschneiden.

7. Ravioli mit Daikonkresse bestreut servieren.

Tipp: Sie können auch anders gefüllte Ravioli oder Tortellini verwenden.

Graved Lachs mit Dill

Gut vorzubereiten – klassisch

8 Portionen

Pro Portion: E: 23 g, F: 14 g, Kh: 4 g, kJ: 1001, kcal: 239, BE: 0,5

1 kg Lachs, aus der Mitte geschnitten
5 Korianderkörner
1 EL Zucker
1 1/2 TL frisch gemahlener Pfeffer
1 TL grobes Salz
2 Bund Dill

Für die Senfsauce:

1 1/2 EL scharfer Senf
1 EL Zucker
2 EL Weißweinessig
5 EL Distelöl
1 EL fein gehackter Dill
Herzblätter vom Kopfsalat
einige rosa Pfefferbeeren

Zubereitungszeit: 25 Minuten, ohne Durchziehzeit

1. Lachs kurz unter fließendem kalten Wasser abspülen, trocken tupfen und der Länge nach halbieren. Lachs mit einer Pinzette oder einer kleinen Zange von den Gräten befreien. Korianderkörner zerstoßen, mit Zucker, Pfeffer und Salz mischen. Jeweils die Innenseite der Lachsstücke damit einreiben.

2. Den Dill abspülen und trocken tupfen. Die Spitzen von den Stängeln zupfen. Spitzen grob zerkleinern und auf die eingeriebenen Lachshälften legen.

3. Die Lachshälften so zusammenlegen, dass die Haut oben ist. Den Lachs fest in Frischhaltefolie einwickeln und mit einem Brett und Gewichten (Konservendosen) gleichmäßig beschweren. Den Lachs 1–2 Tage kalt stellen, dabei mehrmals umdrehen.

4. Den Lachs aus der Frischhaltefolie wickeln und die Gewürze evtl. mit einem Messerrücken abschaben. Den Lachs schräg in sehr dünne Scheiben schneiden (die Haut vorher entfernen).

5. Für die Sauce Senf mit Zucker und Essig verrühren, Diestelöl unterschlagen. Dill unterrühren. Die Kopfsalat-Herzblätter abspülen und trocken tupfen.

6. Den Lachs mit etwas Sauce auf Portionstellern mit den Salatblättern anrichten. Mit Pfefferbeeren bestreuen. Restliche Sauce dazureichen.

Grüne Bohnen in Estragoncreme

Schnell

4 Portionen

Pro Portion: E: 5 g, F: 12 g, Kh: 7 g, kJ: 652, kcal: 157, BE: 0,5

750 g	*grüne Bohnen*
	Salz

Für die Estragoncreme:

150 g	*Crème fraîche*
2	*Knoblauchzehen*
1–2 EL	*gehackte Estragonblättchen*
1 EL	*gehackte Petersilie*
	Meersalz
	frisch gemahlener Pfeffer

Zubereitungszeit: 35 Minuten

1. Von den Bohnen die Enden abschneiden, evtl. abfädeln. Bohnen abspülen, abtropfen lassen und in Stücke schneiden.

2. Die Bohnenstücke in kochendem Salzwasser 15–20 Minuten gar kochen. Bohnen in einem Sieb abtropfen lassen.

3. Für die Estragoncreme in der Zwischenzeit Crème fraîche in einem Topf erhitzen. Knoblauch abziehen, durch eine Knoblauchpresse drücken, mit Estragon und Petersilie zu der Crème-fraîche-Creme geben und gut verrühren. Mit Salz und Pfeffer abschmecken.

4. Bohnen hinzufügen, durchschwenken und erhitzen, sofort servieren.

Tipp: Die Bohnen zu kurz gebratenem Rindfleisch reichen.

Gundermann

Der Gundermann (auch Gundelrebe genannt) gehört zur Familie der Lippenblütler. Er wird meist als Wildpflanze gesammelt und nicht im eigenen Garten angebaut. Er ist eine Pflanze, dessen junge Blätter im Frühjahr als Gemüse und Gewürzkraut verwendet werden. Gundermann schmeckt leicht scharf und herb und sollte vorsichtig dosiert werden. Es passt zu Gemüsesuppen, Salaten, Quark und Käse, Fleisch und Kartoffeln.

Gundermannbuletten mit Kräuterquark und Fladenbrot

Für die Party

4 Portionen

Pro Portion: E: 35 g, F: 27 g, Kh: 14 g, kJ: 1849, kcal: 442, BE: 1,0

1	*Brötchen (Semmel) vom Vortag*
2	*Zwiebeln*
2	*Knoblauchzehen*
1	*Möhre*
2 EL	*Olivenöl*
3 Blätter	*Gundermann*
500 g	*Lammhackfleisch*
1	*Ei (Größe M)*
1 EL	*Joghurt*
1 Msp.	*Chilipulver*
	Salz, frisch gemahlener Pfeffer
5 EL	*Olivenöl*

Zubereitungszeit: 35 Minuten, ohne Abkühlzeit
Garzeit: etwa 10 Minuten

1. Brötchen in kaltem Wasser einweichen. Zwiebeln und Knoblauch abziehen, in kleine Würfel schneiden. Möhre putzen, schälen, abspülen, abtropfen lassen und ebenfalls klein würfeln. Olivenöl in einer Pfanne erhitzen. Zwiebel-, Knoblauch- und Möhrenwürfel darin unter Rühren 2–3 Minuten glasig dünsten.

2. Gundermannblätter abspülen, trocken tupfen, in feine Streifen schneiden und hinzugeben. Die Pfanne von der Kochstelle nehmen. Die Zwiebel-Möhren-Masse erkalten lassen.

3. Eingeweichtes Brötchen gut ausdrücken. Lammhackfleisch in eine Schüssel geben. Zwiebel-Möhren-Masse mit Ei, Joghurt, Chilipulver und dem Brötchen zum Hackfleisch geben und gut vermengen. Mit Salz und Pfeffer würzen.

4. Aus der Hackfleischmasse mit angefeuchteten Händen 8 Buletten formen. Olivenöl in einer Pfanne erhitzen.

5. Die Buletten darin von beiden Seiten unter gelegentlichem Wenden etwa 10 Minuten bei mittlerer Hitze gar und braun braten.

Beilage: Frisch aufgebackenes Fladenbrot und **Kräuterquark** (4 Portionen). Für den Quark siehe Rezept auf Seite 86.

Hackfleischröllchen mit Minze

Raffiniert

8 Stück

Pro Stück: E: 9 g, F: 9 g, Kh: 6 g, kJ: 580, kcal: 138, BE: 0,5

3 Stängel	*Minze*
1	*Schalotte*
1	*Knoblauchzehe*
300 g	*gemischtes Hackfleisch (halb Rind-, halb Schweinefleisch)*
4 EL	*Semmelbrösel*
1	*Ei (Größe M)*
	Salz, frisch gemahlener Pfeffer
	Paprikapulver rosenscharf
4 EL	*Olivenöl*

Zubereitungszeit: 25 Minuten
Bratzeit: etwa 10 Minuten

1. Minze abspülen und trocken tupfen. Die Blättchen von den Stängeln zupfen (einige Blättchen beiseitelegen). Blättchen klein schneiden.

2. Schalotte und Knoblauch abziehen. Schalotte grob hacken und Knoblauch durch eine Knoblauchpresse drücken. Hackfleisch in eine Schüssel geben. Schalottenwürfel, Knoblauch, 2 Esslöffel Semmelbrösel, Ei und Minze hinzufügen. Mit Salz, Pfeffer und Paprika würzen. Die Zutaten zu einem Teig verkneten und mit den Gewürzen abschmecken.

3. Den Fleischteig in 8 Portionen teilen. Jede Fleischportion mit angefeuchteten Händen zu einer etwa 10 cm langen Rolle mit spitzen Enden formen. Die Fleischröllchen in den restlichen Semmelbröseln wenden und andrücken.

4. Olivenöl in einer Pfanne erhitzen. Die Hackfleischröllchen darin unter mehrmaligem Wenden etwa 10 Minuten bei mittlerer Hitze braten. Hackfleischröllchen mit einem Pfannenwender herausnehmen und auf Küchenpapier abtropfen lassen.

5. Die Hackfleischröllchen auf einer Platte anrichten und mit den beiseitegelegten Minzeblättchen garnieren. Heiß oder kalt servieren.

Beilage: Knoblauchmayonnaise. Dafür 1–2 Knoblauchzehen abziehen und mit etwas grobem Meersalz im Mörser oder mit dem Messerrücken fein zerreiben. 1 sehr frisches Eigelb (nicht älter als 5 Tage), einige Spritzer Zitronensaft und den Knoblauch in einen hohen Rührbecher geben und mit Handrührgerät mit Rührbesen verrühren. 125 ml (1/8 l) Olivenöl zuerst tropfenweise, danach in einem sehr dünnen Strahl unter Rühren hinzugeben. Die Mayonnaise mit Salz und Zitronensaft abschmecken. Mayonnaise bis zum Verzehr kalt stellen.

Hähnchenbrust mit Orangenminze und Ingwer

Etwas Besonderes

4 Portionen

Pro Portion: E: 42 g, F: 10 g, Kh: 52 g, kJ: 1949, kcal: 463, BE: 4,5

4	*Hähnchenbrustfilets (je etwa 130 g)*
1 kleines Stück	*Ingwerwurzel (etwa 50 g)*
3 Zweige	*Orangenminze*
2	*Limetten*
320 g	*Couscous (Instant)*
400 ml	*kochendes Wasser*
4 EL	*Olivenöl*
	Salz, frisch gemahlener Pfeffer
1 Bund	*glatte Petersilie*
einige Blättchen	*Orangenminze*
1 EL	*rote Pfefferbeeren*

Zubereitungszeit: 40 Minuten, ohne Marinier- und Quellzeit

1. Hähnchenbrustfilets unter fließendem kalten Wasser abspülen, trocken tupfen, quer halbieren und in eine flache Schale legen.

2. Ingwer schälen, abspülen, trocken tupfen und in kleine Würfel schneiden oder auf einer Haushaltsreibe raspeln.

3. Minze abspülen, trocken tupfen und grob zerkleinern. Limetten halbieren und den Saft auspressen, mit Ingwerwürfeln oder -raspeln und Orangenminze vermischen.

4. Die Marinade auf den Fleischstücken verteilen. Mit Frischhaltefolie zugedeckt etwa 1 Stunde marinieren.

5. Couscous in eine große Schüssel geben, mit kochendem Wasser übergießen und mindestens 10 Minuten quellen lassen, dabei ab und zu umrühren.

6. Zwei Esslöffel des Olivenöls in einer Pfanne erhitzen. Die marinierten Fleischstücke mit Salz und Pfeffer würzen, in die Pfanne geben und in 8–10 Minuten von beiden Seiten leicht braten.

7. In der Zwischenzeit Petersilie abspülen und trocken tupfen. Die Blättchen von den Stängeln zupfen. Blättchen grob hacken.

8. Restliches Olivenöl in einer zweiten Pfanne erhitzen. Den gequollenen Couscous darin unter Rühren anbraten, mit Salz und Pfeffer würzen. Die Petersilie unterrühren.

9. Hähnchenbrustfiletstücke mit dem Couscous in einer Schale anrichten. Mit abgespülten und trocken getupften Orangenminzeblättchen und roten Pfefferbeeren garnieren.

Tipps: Statt frischem Ingwer kann auch Ingwer in Sirup zum Marinieren verwendet werden. Dieses Gericht lässt sich auch mit Kalbfleisch, z. B. Filet oder Rückensteak, oder mit festem Fischfilet, z. B. Pangasius- oder Viktoriabarschfilet, zubereiten.

Hähnchenbrust mit Salbei

Für Gäste

4 Portionen

Pro Portion: E: 62 g, F: 20 g, Kh: 12 g, kJ: 1994, kcal: 476, BE: 1,0

4	*Hähnchenbrustfilets (je 180–200 g)*
	Salz
	frisch gemahlener Pfeffer
12 große Blätter	*Salbei*
12 Scheiben	*magerer Schinkenspeck (etwa 240 g)*
2 EL	*Speiseöl*
250 g	*grüne Bohnenkerne (Flageolets)*
250 g	*rote Cocktailtomaten*
1	*Zwiebel*
40 g	*Butter*
	Knoblauchpulver
1 EL	*gehackte Petersilie*
einige Blätter	*Salbei*

Außerdem:

Holzstäbchen

Zubereitungszeit: 50 Minuten

Garzeit: etwa 15 Minuten

1. Den Backofen vorheizen.
Ober-/Unterhitze: etwa 180 °C
Heißluft: etwa 160 °C

2. Hähnchenbrustfilets kurz unter fließendem kalten Wasser abspülen und trocken tupfen. Mit Salz und Pfeffer würzen. Salbeiblätter abspülen und trocken tupfen. Die Hähnchenbrustfilets mit je 3 Salbeiblättern belegen, aufrollen und mit je 3 Speckscheiben umwickeln. Mit Holzstäbchen feststecken.

3. Das Speiseöl in einer feuerfesten Pfanne erhitzen. Die Hähnchenbrustfiletrollen darin von allen Seiten anbraten. Die Pfanne auf dem Rost in den vorgeheizten Backofen schieben. Die Hähnchenbrustfiletrollen **etwa 15 Minuten garen.**

4. Die Backofentemperatur auf Ober-/Unterhitze: etwa 80 °C herunterschalten.

5. Die gegarten Hähnchenbrustfiletrollen aus der Pfanne nehmen und auf einen vorgewärmten Teller legen. Teller auf dem Rost in den heißen Backofen schieben, Hähnchenbrustfiletrollen warm halten. Die Pfanne mit dem Bratfett beiseitestellen.

6. Die Bohnenkerne in einem Sieb abtropfen lassen. Tomaten abspülen, trocken tupfen, halbieren und die Stängelansätze herausschneiden. Zwiebel abziehen und in kleine Würfel schneiden.

7. Butter in dem verbliebenen Bratfett in der beiseitegestellten Pfanne erhitzen. Zwiebelwürfel darin glasig dünsten. Tomatenhälften hinzufügen und etwa 3 Minuten dünsten. Bohnenkerne vorsichtig unterrühren und miterhitzen. Mit Salz, Pfeffer und Knoblauch würzen. Mit Petersilie bestreuen.

8. Die Hähnchenbrustfiletrollen mit dem Bohnengemüse anrichten. Mit abgespülten und trocken getupften Salbeiblättern garnieren.

Beilage: Penne-Nudeln mit Salbei oder kleine gebratene Bio-Kartoffeln mit Schale.

Hähnchenstücke, in Soja, Mango und Koriander mariniert

Gut vorzubereiten

8–10 Portionen

Pro Portion: E: 33 g, F: 9 g, Kh: 0 g, kJ: 897, kcal: 215, BE: 0,0

5 Hähnchenkeulen (je etwa 150 g)
6 Hähnchenbrustfilets (je etwa 140 g)

Für die Marinade:

1 kleines Glas Mango-Chutney (Einwaage 80–100 g)
6 EL Nuss- oder Speiseöl
3 EL Sojasauce
1 Bund oder 1 Topf frischer Koriander oder 1 gestr. TL gemahlener Koriander

frisch gemahlener Pfeffer

Zubereitungszeit: 30 Minuten, ohne Marinierzeit
Grillzeit: etwa 10 Minuten

1. Hähnchenkeulen und Hähnchenbrustfilets kurz unter fließendem kalten Wasser abspülen und trocken tupfen. Hähnchenkeulen im Gelenk halbieren. Hähnchenbrustfilets in 3 etwa gleich große Stücke schneiden. Hähnchenfleisch in eine flache Schale legen.

2. Für die Marinade Chutney mit Nuss- oder Speiseöl und Sojasauce gut verrühren. Koriander abspülen und trocken tupfen. Die Blättchen von den Stängeln zupfen. Blättchen klein schneiden und unter die Marinade rühren.

3. Das Hähnchenfleisch mit Pfeffer bestreuen. Die Marinade darauf verteilen. Das Hähnchenfleisch mit Frischhaltefolie zugedeckt im Kühlschrank über Nacht durchziehen lassen.

4. Das Hähnchenfleisch aus der Marinade nehmen, auf den heißen Grill legen und unter gelegentlichem Wenden etwa 10 Minuten grillen.

Hirschschmorbraten mit Salbei und Beifuß

Für Gäste – mit Alkohol

4 Portionen

Pro Portion: E: 66 g, F: 68 g, Kh: 58 g, kJ: 4799, kcal: 1148, BE: 4,5

1 Bund Beifuß
1 Bund Salbei
2–3 Stängel Rosmarin
1 kg Hirschschulter (ohne Knochen)
Salz
frisch gemahlener Pfeffer
½ TL frisch geriebene Muskatnuss
1 TL Paprikapulver edelsüß
2 Zwiebeln
5 EL Speiseöl, z. B. Olivenöl
250 ml (¼ l) trockener Rotwein
2 TL flüssiger Honig
2 TL Wacholderbeeren
2 Gewürznelken

Für die Spinatnudeln:

125 g Weizenmehl
125 g Hartweizengrieß
2 Eier (Größe M)
½ gestr. TL Salz
1 EL Olivenöl
100 g pürierter Spinat
3 EL gehackte Kräuter

Für das Fenchelgemüse

2 Fenchelknollen
100 g Butter
1 EL Dill

40 g Butter
150 g Crème fraîche

Außerdem:

Küchengarn

Zubereitungszeit: 100 Minuten, ohne Kühl- und Ruhezeit
Garzeit: Braten etwa 1 ½ Stunden

1. Den Backofen vorheizen.
Ober-/Unterhitze: etwa 180 °C
Heißluft: etwa 160 °C

2. Beifuß, Salbei und Rosmarin abspülen, trocken tupfen. Die Blättchen bzw. Nadeln von den Stängeln zupfen.

3. Hirschschulter mit Küchenpapier trocken tupfen, evtl. enthäuten, flach drücken. Mit Salz und Pfeffer würzen. Die Kräuter darauf verteilen.

4. Das Fleischstück zu einem Rollbraten aufrollen, mit Küchengarn fest umwickeln. Mit Salz, Pfeffer, Muskat und Paprika würzen.

5. Zwiebeln abziehen und achteln. Speiseöl in einem Bräter erhitzen. Den Rollbraten darin von allen Seiten anbraten. Zwiebelstücke hinzufügen und kurz mitbraten lassen, mit Rotwein ablöschen.

6. Den Rollbraten mit Honig bestreichen, zerdrückte Wacholderbeeren und Nelken zum Rollbraten in den Bräter geben.

7. Den Bräter (ohne Deckel) auf dem Rost in den vorgeheizten Backofen schieben. Den Braten **etwa 1 ½ Stunden garen.**

8. Für die Spinatnudeln Mehl in eine Rührschüssel geben. Grieß, Eier, Salz und Olivenöl unterkneten. Spinat und Kräuter unterarbeiten. Den Teig in Frischhaltefolie gewickelt etwa 1 Stunde kalt stellen.

9. Für das Fenchelgemüse von den Fenchelknollen die Stiele dicht oberhalb der Knollen abschneiden. Braune Stellen und Blätter entfernen, die Wurzelenden gerade schneiden. Knollen abspülen, halbieren und in gleich große Würfel schneiden.

10. Die Selleriewürfel in kochendem Salzwasser etwa 15 Minuten garen. Anschließend in einem Sieb abtropfen lassen. Selleriewürfel in zerlassener Butter schwenken, mit Dill bestreuen und warm stellen.

11. Den Nudelteig auf einer bemehlten Arbeitsfläche ausrollen und Bandnudeln ausschneiden.

12. Bandnudeln in 1 1/2–2 l kochendem Salzwasser in 5–8 Minuten unter gelegentlichem Rühren gar kochen. Die Nudeln in ein Sieb geben, mit heißem Wasser übergießen und abtropfen lassen. Die Nudeln in zerlassener Butter schwenken.

13. Den Braten aus dem Bräter nehmen und etwa 10 Minuten ruhen lassen, damit sich der Fleischsaft setzt. Crème fraîche unter die Sauce rühren und erhitzen (nicht mehr kochen lassen). Die Sauce mit den Gewürzen abschmecken.

14. Den Braten (Küchengarn entfernen) in dünne Scheiben schneiden, mit Fenchelgemüse und Spinatnudeln anrichten, sofort servieren.

Tipp: Hirschschmorbraten mit Rosmarin- und Dillspitzen garniert servieren.

Hüttenkäse mit Tripmadam

Schnell

2–4 Portionen

Pro Portion: E: 11 g, F: 7 g, Kh: 27 g, kJ: 930, kcal: 222, BE: 2,5

200 g	*Hüttenkäse*
2	*Äpfel, z. B. Cox Orange, Delicius*
100 g	*getrocknete Aprikosen*
1 TL	*körniger Pommery-Senf oder körniger Senf*
1 EL	*Olivenöl*
	Salz, frisch gemahlener Pfeffer
1 kleine Handvoll	*Tripmadam (Felsen-Fetthenne, Würzkraut)*

Zubereitungszeit: 15 Minuten

1. Hüttenkäse in eine Rührschüssel geben. Die Äpfel schälen, halbieren, entkernen und auf einer Haushaltsreibe raspeln. Aprikosen in kleine Würfel schneiden. Apfelraspel, Aprikosenwürfel, Senf und Olivenöl zu dem Hüttenkäse in die Rührschüssel geben und gut vermischen. Mit Salz und Pfeffer würzen.

2. Tripmadam abspülen und gut trocken tupfen. Die Nadeln von den Stängeln zupfen. Nadeln sehr fein schneiden und unter die Hüttekäse-Mischung rühren.

Beilage: Sonnenblumen- oder Kürbiskernbrot.

Tipp: Hüttenkäse kann auch durch Magerquark ersetzt werden.

Johannisbeergelee mit Zitronenthymian

Fruchtig – würzig

etwa 5 Gläser zu je 200 ml

Insgesamt: E: 8 g, F: 1 g, Kh: 694 g, kJ: 12275, kcal: 2899, BE: 58,0

1 1/2 kg	*rote Johannisbeeren (vorbereitet gewogen)*
4 Stängel	*Zitronenthymian*
500 g	*Extra Gelierzucker 2:1*

Zubereitungszeit: 45 Minuten, ohne Abkühlzeit
Haltbarkeit: kühl und dunkel gestellt 3–4 Monate

1. Johannisbeeren abspülen, abtropfen lassen und verlesen. Johannisbeeren im Schnellkochtopf oder Dampfentsafter entsaften (bitte Gebrauchsanleitung des Geräteherstellers beachten) und 900 ml Saft abmessen.

2. Zitronenthymian abspülen und trocken tupfen. Die Blättchen von den Stängeln zupfen.

3. Fruchtsaft und Gelierzucker in einem großen Kochtopf verrühren. Die Zutaten unter Rühren bei starker Hitze zum Kochen bringen und mindestens 3 Minuten unter ständigem Rühren sprudelnd kochen lassen. Topf von der Kochstelle nehmen.

4. Kochgut evtl. abschäumen. Thymianblättchen unter das Gelee rühren und sofort randvoll in vorbereitete Gläser füllen. Gläser mit Twist-off-Deckeln® verschließen, umdrehen und etwa 5 Minuten auf den Deckeln stehen lassen.

5. Gläser während des Erkaltens gelegentlich umdrehen, damit sich die Thymianblättchen gleichmäßig verteilen.

Tipp: Das Gelee schmeckt auf dunklem Brot, zu kurz gebratenem Fleisch oder frittierten Geflügelstücken.

Kaffirblätter

Kaffirblätter werden auch Zitronen- oder Limettenblätter genannt. Sie gehören zu den Rautengewächsen und duften intensiv nach Zitronen. Sie werden mitgekocht und würzen Saucen, Curries, Reisgerichte, Fonds und Fischgerichte. Sie sollten vor dem Servieren entfernt werden, da sie hart sind.

Kalbsleber in Balsamico-Oregano-Sauce

Für Gäste

4 Portionen

Pro Portion: E: 26 g, F: 15 g, Kh: 17 g, kJ: 1293, kcal: 309, BE: 1,0

500 g	*Kalbsleber, in Scheiben*
2	*Frühlingszwiebeln (etwa 130 g)*
1 kleines Bund	*Oregano*
2 EL	*Olivenöl*
	Salz, frisch gemahlener Pfeffer
20 g	*Butter*
2 EL	*dunkler Balsamico-Essig*
200 ml	*Rindfleischfond oder -brühe*
4 EL	*Crema di Balsamico*
einige Blättchen	*vorbereiteter Oregano*

Zubereitungszeit: 25 Minuten

1. Leberscheiben kurz unter fließendem kalten Wasser abspülen, trocken tupfen und in kleine Stücke oder Streifen schneiden.

2. Die Frühlingszwiebeln putzen, abspülen, abtropfen lassen und in Ringe schneiden. Oregano abspülen und trocken tupfen. Die Blättchen von den Stängeln zupfen. Blättchen grob zerkleinern.

3. Olivenöl in einer Pfanne erhitzen. Leberstücke oder -streifen darin von allen Seiten anbraten, herausnehmen und mit Salz und Pfeffer bestreuen. Leberstücke oder -streifen auf einen vorgewärmten Teller legen und warm halten.

4. Die Butter in dem verbliebenen Bratfett zerlassen. Frühlingszwiebelringe und Oregano darin andünsten. Mit Balsamico-Essig und Fond oder Brühe ablöschen. Die Sauce zum Kochen bringen und um die Hälfte einkochen lassen. Mit Salz, Pfeffer und Crema di Balsamico abschmecken.

5. Warm gestellte Leberstücke oder -streifen nochmals in der Sauce erhitzen.

6. Kalbsleber mit Oreganoblättchen bestreut servieren.

Beilage: Frische oder TK-Rösti oder Sahnepüree.

Tipp: Wem die Sauce zu dünn erscheint, kann sie mit etwas braunem Saucenbinder andicken.

Kalbsschnitzel mit Zitronenverbene

Für Gäste

4 Portionen

Pro Portion: E: 38 g, F: 24 g, Kh: 5 g, kJ: 1633, kcal: 390, BE: 0,5

12	*kleine Kalbsschnitzel (aus dem Filet, je etwa 60 g)*
	Salz
	frisch gemahlener Pfeffer
12 Blättchen	*Zitronenverbene*
je 1	*Bio-Limette und Bio-Orange (unbehandelt, ungewachst)*
2 EL	*Olivenöl*
300 ml	*Kalbsfond oder -brühe*
60 g	*kalte Butter*
kleine Zweige	*Zitronenverbene*

Zubereitungszeit: 40 Minuten

1. Die Kalbsschnitzel mit Küchenpapier trocken tupfen, mit Salz und Pfeffer würzen.

2. Verbenenblättchen abspülen, trocken tupfen und klein schneiden. Limette und Orange heiß abwaschen, abtrocknen, mit der Schale zuerst in dicke Scheiben, dann in kleine Stücke schneiden.

3. Olivenöl in einer Pfanne erhitzen, Kalbsschnitzel darin von beiden Seiten scharf anbraten. Limetten-, Orangenstücke und Verbene hinzufügen, bei schwacher Hitze etwa 5 Minuten mitdünsten lassen.

4. Kalbsschnitzel mit den Limetten- und Orangenstücken herausnehmen, auf einen vorgewärmten Teller legen. Die Kalbsschnitzel warm halten.

5. Bratensatz mit Fond oder Brühe ablöschen, mit Salz und Pfeffer würzen. Die Sauce etwa 5 Minuten einkochen lassen. Anschließend klein geschnittene Butter unterrühren. Die Sauce mit Salz und Pfeffer abschmecken.

6. Die Kalbsschnitzel mit der Sauce und den Zitrusfrüchten auf einer Platte anrichten. Mit abgespülten und trocken getupften Zitronenverbenezweigen garnieren.

Beilage: Gnocchi oder schmale, bunte Bandnudeln.

Kaninchenkeulen, in Tomaten und Chinesischem Lauch geschmort

Macht richtig satt – mit Alkohol

4 Portionen

Pro Portion: E: 50 g, F: 29 g, Kh: 6 g, kJ: 2205, kcal: 527, BE: 0,0

4	*Kaninchenkeulen (je etwa 300 g)*
4	*rote Zwiebeln*
6–8	*Chinesischer Lauch*
16	*Cocktailtomaten*
230 g	*Champignonköpfe (aus der Dose)*
1	*rote Chilischote*
1 Zweig	*Rosmarin*
4 EL	*Olivenöl*
	Salz
	frisch gemahlener Pfeffer
2 Blätter	*Lorbeer*
250 ml (1/4 l)	*Weißwein*
evtl. 2 EL	*Sojasauce*
evtl. 1 EL	*Hoisinsauce (erhältlich im Asialaden)*

Zubereitungszeit: 20 Minuten
Garzeit: etwa 45 Minuten

1. Den Backofen vorheizen.
Ober-/Unterhitze: etwa 160 °C
Heißluft: etwa 140 °C

2. Kaninchenkeulen unter fließendem kalten Wasser abspülen und trocken tupfen. Zwiebeln und Knoblauch abziehen. Die Zwiebeln vierteln, Chinesischen Lauch halbieren. Tomaten abspülen, trocken tupfen und evtl. die Stängelansätze entfernen. Die Champignonköpfe in einem Sieb abtropfen lassen. Chilischote abspülen und trocken tupfen. Chilischote einmal mit einem spitzen Messer oder einer Nadel durchstechen. Rosmarin abspülen und trocken tupfen. Die Nadeln von den Stängeln zupfen.

3. Olivenöl in einem Bräter erhitzen. Die Kaninchenkeulen darin von allen Seiten anbraten. Mit Salz und Pfeffer würzen, aus dem Bräter nehmen und beiseitestellen. Zwiebelviertel und Lauchhälften in dem verbliebenen Bratfett 3–4 Minuten bei mittlerer Hitze goldgelb andünsten. Tomaten hinzugeben und etwa 1 Minute mitdünsten lassen. Rosmarinnadeln und Lorbeerblätter hinzufügen.

4. Beiseitegelegte Kaninchenkeulen auf die Tomaten in den Bräter legen. Den Bräter zugedeckt auf dem Rost in den vorgeheizten Backofen schieben. Die Kaninchenkeulen **etwa 20 Minuten vorgaren.**

5. Wein nach Belieben mit Soja- und Hoisinsauce verrühren. Champignonköpfe und Chilischote zu den Kaninchenkeulen in den Bräter geben. Die Kaninchenkeulen mit der Weinmischung übergießen. Den Bräter wieder auf dem Rost in den heißen Backofen schieben. Die Kaninchenkeulen **bei gleicher Backofeneinstellung in weiteren etwa 25 Minuten fertig garen**.

6. Die Kaninchenkeulen aus dem Bräter nehmen. Gemüse ebenfalls herausnehmen. Kaninchenkeulen und Gemüse warm stellen.

7. Die Sauce nach Belieben auf die gewünschte Konsistenz einkochen lassen. Nochmals mit den Gewürzen abschmecken. Kaninchenkeulen mit dem Gemüse und der Sauce anrichten.

Beilage: Lauch-Kartoffelpüree (4 Portionen). Für das Püree 800 g Kartoffeln waschen, schälen, abspülen, abtropfen lassen, knapp mit Wasser bedeckt zum Kochen bringen und zugedeckt etwa 25 Minuten garen. In der Zwischenzeit 1 Bund Frühlingszwiebeln putzen, abspülen, trocken tupfen und das Grün abschneiden. Die Frühlingszwiebeln in feine Ringe schneiden, in kochendem Salzwasser etwa 1 Minute blanchieren, abtropfen lassen und fein pürieren. Die Kartoffeln abgießen, abdämpfen und sofort durch eine Kartoffelpresse in eine Schüssel drücken. 50 g Butter und das Frühlingszwiebelpüree untermischen. Etwa 250 ml (1/4 l) Milch oder halb Sahne, halb Milch unter das Püree rühren, bis eine cremige Konsistenz entstanden ist. Mit Salz, Pfeffer und frisch geriebener Muskatnuss abschmecken.

Tipp: Zusätzlich einige Scheiben Baguette zum Tunken für die Sauce dazureichen.

Kaninchenspieße mit Currymayonnaise

Raffiniert

3 Portionen

Pro Portion: E: 39 g, F: 67 g, Kh: 69 g, kJ: 4329, kcal: 1037, BE: 5,0

3 Kaninchenkeulen (je etwa 300 g)
je 1 rote, grüne und gelbe Paprikaschote
1–2 EL Olivenöl
Salz
frisch gemahlener Pfeffer

Für die Currymayonnaise:

250 g Miracel Whip
1 EL Currypulver, indisch oder Thai-Currypulver (sehr lecker, aber scharf)
evtl. 1 Msp. Cayennepfeffer
2 EL flüssiger Honig

1 Zweig Thymian
1 Ciabatta oder 1 kleines Baguette
5–6 EL Olivenöl

Außerdem:

9 Schaschlik- oder Holzspieße oder Bambusspieße

Zubereitungszeit: 25 Minuten
Garzeit: etwa 5 Minuten

1. Kaninchenkeulen von den Knochen befreien (auslösen). Das Fleisch kurz unter fließendem kalten Wasser abspülen, trocken tupfen und in walnussgroße Stücke schneiden.

2. Paprikaschoten halbieren, entstielen, entkernen und die weißen Scheidewände entfernen. Schotenhälften abspülen, abtropfen lassen und ebenfalls in walnussgroße Stücke schneiden.

3. Den Backofen vorheizen.
Ober-/Unterhitze: etwa 160 °C
Heißluft: etwa 140 °C

4. Fleisch- und Paprikawürfel abwechselnd auf die Spieße stecken. Olivenöl in einer großen, feuerfesten Pfanne erhitzen. Die Spieße darin evtl. in 2 Portionen von allen Seiten 1–2 Minuten anbraten. Dabei mit Salz und Pfeffer würzen. Die Pfanne auf dem Rost in den vorgeheizten Backofen schieben. Die Spieße **etwa 5 Minuten garen.**

5. In der Zwischenzeit für die Currymayonnaise Miracel Whip mit Curry, Cayennepfeffer und Honig verrühren. Thymian abspülen und trocken tupfen. Die Blättchen von den Stängeln zupfen.

6. Ciabatta oder Baguette in fingerdicke Scheiben schneiden. Olivenöl in einer Pfanne erhitzen. Thymianblättchen hinzugeben. Die Brotscheiben darin von beiden Seiten goldgelb braten. Dabei die Brotscheiben mit etwas Salz bestreuen.

7. Kaninchen-Paprikaspieße mit den Brotscheiben auf einer Platte anrichten. Currymayonnaise in einer Dipschale oder mehreren Schalen dazureichen.

Tipp: Die „light"-Version wäre, die Mayonnaise gegen Crème fraîche auszutauschen und ein paar abgespülte, trocken getupfte Blätter von einem Mini-Römersalat oder von Salatkopfherzen dazu zu servieren.

Kapuzinerkresse

Die Kapuzinerkresse ist nicht mit der Kresse verwandt, hat aber einen kresseähnlichen, senfartigen Geschmack. Die Blätter werden gehackt, mit Essig und Öl zubereitet oder in Mischsalaten verwendet. Sie passen zu Eier- und Quarkgerichten. Die Blüten dienen als Dekoration für Speisen.

Kartoffelaufstrich mit Petersilie und Schnittlauch

Dauert länger

etwa 450 g

Insgesamt: E: 11 g, F: 66 g, Kh: 45 g, kJ: 3400, kcal: 818, BE: 3,5

300 g	*mehligkochende Kartoffeln*
1 gestr. TL	*Salz*
1	*Zwiebel*
2 EL	*Leinöl*
150 g	*Crème fraîche*
1 Bund	*Petersilie*
1 Bund	*Schnittlauch*
	frisch gemahlener Pfeffer

Zubereitungszeit: 30 Minuten, ohne Abkühlzeit
Haltbarkeit: im Kühlschrank etwa 5 Tage

1. Kartoffeln waschen, schälen, abspülen und abtropfen lassen. Kartoffeln und Salz in einen Topf geben, knapp mit Wasser bedeckt zum Kochen bringen und zugedeckt etwa 20 Minuten kochen lassen. Kartoffeln abgießen, grob zerstampfen und erkalten lassen.

2. Zwiebel abziehen, halbieren und fein würfeln. Leinöl mit Crème fraîche verrühren, mit den Zwiebelwürfeln unter die Kartoffelmasse geben.

3. Petersilie und Schnittlauch abspülen, trocken tupfen. Die Blättchen von den Petersilienstängeln zupfen. Blättchen klein schneiden. Schnittlauch in feine Röllchen schneiden. Petersilie und Schnittlauchröllchen unter den Kartoffelaufstrich rühren. Mit Salz und Pfeffer abschmecken.

4. Den Kartoffelaufstrich in ein vorbereitetes, verschließbares Gefäß füllen und kalt stellen.

Beilage: Roggenmischbrot, Kasseler Brot oder Doppelbackbrot.

Kartoffelplätzchen mit Oregano

Dauert länger – raffiniert

4 Portionen

Pro Portion: E: 31 g, F: 33 g, Kh: 46 g, kJ: 2575, kcal: 614, BE: 3,5

Für die Kartoffelplätzchen:

1 kg festkochende Kartoffeln
Salz

Für das Gemüse:

2 Zucchini (etwa 400 g)
2 Fenchelknollen (etwa 400 g
2 Fleischtomaten (etwa 400 g)
2 Knoblauchzehen
1 kleines Bund Petersilie
4 EL Olivenöl
frisch gemahlener Pfeffer
100 ml Tomatensaft

1 Bund Oregano
3 Eigelb (Größe M)
30 g Kartoffelstärke
frisch geriebene Muskatnuss
40 g Butter
2 EL Olivenöl

Für den Mittelmeerfisch:

4 kleine Meerwolffilets (je etwa 100 g)
Limettensaft
2 EL Olivenöl

Zubereitungszeit: 70 Minuten, ohne Abkühlzeit
Garzeit: Fischfilets etwa 5 Minuten

1. Kartoffeln waschen, schälen, abspülen, abtropfen lassen und klein schneiden. Kartoffelstücke in einem Topf knapp mit Wasser bedeckt zum Kochen bringen. Salz hinzufügen, zugedeckt etwa 20 Minuten garen.

2. Für das Gemüse die Zucchini abspülen, abtrocknen und die Enden abschneiden. Die Zucchini in Scheiben schneiden. Von den Fenchelknollen die Stiele dicht oberhalb der Knollen abschneiden. Braune Stellen und Blätter entfernen. Wurzelenden gerade schneiden. Die Knollen halbieren, in Würfel schneiden. Tomaten abspülen, abtrocknen, halbieren und die Stängelansätze entfernen. Tomatenhälften in Würfel schneiden.

3. Knoblauch abziehen und durch eine Knoblauchpresse drücken. Petersilie abspülen und trocken tupfen. Die Blättchen von den Stängeln zupfen. Blättchen grob zerkleinern.

4. Olivenöl in einem großen Topf erhitzen. Zunächst Fenchelwürfel darin andünsten, die Zucchinischeiben hinzugeben und mit andünsten. Zuletzt Tomatenwürfel unterrühren und etwa 5 Minuten mitdünsten lassen.

5. Mit Knoblauch, Salz und Pfeffer würzen. Petersilie und Tomatensaft hinzufügen, zum Kochen bringen. Gemüse zugedeckt weitere etwa 15 Minuten unter gelegentlichem Rühren garen.

6. Gegarte Kartoffelstücke abgießen, abdämpfen und mit einem Kartoffelstampfer zerkleinern. Den Oregano abspülen und trocken tupfen (einige Zweige zum Garnieren beiseitelegen). Von dem Rest die Blättchen von den Stängeln zupfen. Blättchen klein schneiden. Zusammen mit Eigelb und Kartoffelstärke unter die Kartoffelmasse rühren. Mit Salz, Pfeffer und Muskat würzen.

7. Den Kartoffelteig auf der bemehlten Arbeitsfläche zu einer dicken Rolle (Ø 3–5 cm) formen und etwa 15 Minuten abkühlen lassen. Die Kartoffelrolle in etwa 3 cm dicke Scheiben schneiden.

8. Butter in einer großen Pfanne zerlassen, Olivenöl miterhitzen. Die Kartoffelplätzchen darin von beiden Seiten goldgelb braten, herausnehmen und warm stellen.

9. Für den Mittelmeerfisch Fischfilets kurz unter fließendem kalten Wasser abspülen und trocken tupfen. Mit Salz und Pfeffer würzen. Mit Limettensaft beträufeln. Olivenöl in einer Pfanne erhitzen. Die Fischfilets darin von beiden Seiten etwa 5 Minuten braten.

10. Die Kartoffelplätzchen mit dem Fisch und Gemüse anrichten. Mit beiseitegelegtem Oregano garnieren.

Kartoffelroulade mit frischem Oregano

Für Gäste – raffiniert

4 Portionen

Pro Portion: E: 49 g, F: 23 g, Kh: 52 g, kJ: 2601, kcal: 621, BE: 4,0

1 kg festkochende Kartoffeln (geschält gewogen)
Salz
4 kleine Fleisch- oder Flaschentomaten (etwa 400 g)
1 Bund oder 1 Topf Oregano
3 Eigelb (Größe M)
etwa 40 g Kartoffelstärke
frisch gemahlener Pfeffer
frisch geriebene Muskatnuss

Für die Fleischröllchen:

4 Hähnchenbrustfilets (je etwa 150 g)
4 dickere Scheiben Parmaschinken (je etwa 25 g)
2 EL Olivenöl

etwas Speisestärke

40 g Butter
2 EL Olivenöl

einige Zweige Oregano

Außerdem:

Holzstäbchen

Zubereitungszeit: 30 Minuten, ohne Abkühlzeit
Garzeit: Fleischröllchen etwa 15 Minuten

1. Kartoffeln waschen, schälen, abspülen, abtropfen lassen und in kleine Stücke schneiden. Kartoffelstücke in einem Topf knapp mit Wasser bedeckt zum Kochen bringen. Salz hinzufügen. Kartoffelstücke zugedeckt etwa 20 Minuten garen.

2. In der Zwischenzeit Tomaten abspülen, trocken tupfen, halbieren und entkernen. Tomatenhälften in kleine Würfel schneiden. Oregano abspülen, trocken tupfen. Blättchen von den Stängeln zupfen, grob zerkleinern.

3. Gegarte Kartoffelstücke abgießen, abdämpfen und sofort durch eine Kartoffelpresse drücken oder mit einem Kartoffelstampfer zerkleinern. Eigelb und 30 g der Kartoffelstärke gut unterarbeiten. Mit Salz, Pfeffer und Muskat würzen.

4. Die Kartoffelmasse auf einer mit restlicher Kartoffelstärke bestäubten Arbeitsfläche vorsichtig zu einem Rechteck ausrollen (mit einer Teigrolle) oder mit den Händen zu einem Rechteck formen.

5. Tomatenwürfel und Oregano gleichmäßig darauf verteilen, etwas andrücken. Mit Wasser bestreichen und aufrollen. Kartoffelroulade erkalten lassen.

6. Für die Fleischröllchen Hähnchenbrustfilets kurz unter fließendem kalten Wasser abspülen, trocken tupfen, mit Salz und Pfeffer bestreuen.

7. Hähnchenbrustfilets jeweils aufrollen und mit je 1 Schinkenscheibe umwickeln. Mit Holzstäbchen feststecken.

8. Olivenöl in einer Pfanne erhitzen. Fleischröllchen darin etwa 15 Minuten von allen Seiten braten, herausnehmen und auf einen vorgewärmten Teller legen. Die Fleischröllchen warm halten.

9. Kartoffelroulade in etwa 3 cm dicke Scheiben schneiden und leicht mit Speisestärke bestäuben.

10. Butter in einer Pfanne zerlassen, Olivenöl miterhitzen. Kartoffelscheiben darin etwa 5 Minuten von beiden Seiten braten.

11. Die Kartoffelscheiben herausnehmen, mit den Fleischröllchen (Holzstäbchen entfernen) anrichten und mit abgespülten und trocken getupften Oreganozweigen garnieren.

Tipp: Die Fleischröllchen können auch mit Schweine- oder Putenbrustfilets zubereitet werden.

Kartoffelsalat mit Kresse

Raffiniert

4 Portionen

Pro Portion: E: 10 g, F: 21 g, Kh: 33 g, kJ: 1484, kcal: 354, BE: 2,5

750 g festkochende Kartoffeln
190 ml Karottensalat (aus dem Glas)

Für die Sauce:

375 ml (3/8 l) Gemüsebrühe
3 EL weißer Balsamico-Essig
Salz
frisch gemahlener Pfeffer
4 EL Olivenöl

500 g Champignons
4 EL Olivenöl
2 Kästchen rote Daikonkresse

Zubereitungszeit: 25 Minuten, ohne Abkühl- und Durchziehzeit
Garzeit: 20–25 Minuten

1. Die Kartoffeln gründlich waschen, knapp mit Wasser bedeckt zum Kochen bringen und zugedeckt in 20–25 Minuten gar kochen. Kartoffeln abgießen, abdämpfen, heiß pellen und lauwarm abkühlen lassen. Kartoffeln in Scheiben schneiden und in eine große Schüssel geben. Karottensalat in einem Sieb abtropfen lassen.

2. Für die Sauce Brühe mit Essig, Salz und Pfeffer verrühren. Olivenöl unterschlagen. Karottensalat und Sauce zu den Kartoffelscheiben geben, gut untermischen. Den Salat etwa 30 Minuten durchziehen lassen.

3. In der Zwischenzeit die Champignons putzen, mit Küchenpapier abreiben, evtl. abspülen, trocken tupfen und in Scheiben schneiden. Olivenöl in einer Pfanne erhitzen. Die Champignonscheiben darin in 2 Portionen unter Rühren hellbraun braten. Mit Pfeffer würzen. Champignonscheiben abkühlen lassen und unter den Kartoffelsalat heben.

4. Kresse abspülen, trocken tupfen. Die Blättchen von den Stängeln schneiden. Den Salat mit Salz und Pfeffer würzen. Kresseblättchen unterheben.

Tipps: Die rote Daikonkresse erinnert im Geschmack an Kreuzkümmel (Cumin). Sie kann durch einfache Kresse ersetzt werden.

Kartoffel-Schinken-Tortilla mit Petersilie

Deftig

8–10 Portionen als Snack

Pro Portion: E: 17 g, F: 15 g, Kh: 16 g, kJ: 1147, kcal: 274, BE: 1,0

1 kg festkochende Kartoffeln
200 g Kochschinken
200 g magerer, roher Schinken
8 Eier (Größe M)
Salz, frisch gemahlener Pfeffer
1–2 Knoblauchzehen
1 Bund glatte Petersilie
4 EL Speiseöl, z. B. Olivenöl
40 g Butter

Zubereitungszeit: 30 Minuten, ohne Abkühlzeit
Backzeit: etwa 25 Minuten

1. Die Kartoffeln gründlich waschen, abtropfen lassen, in einem Topf knapp mit Wasser bedeckt zum Kochen bringen und 20–25 Minuten kochen lassen. Die Kartoffeln abgießen, abdämpfen, etwas abkühlen lassen und warm pellen. Die Kartoffeln in Scheiben schneiden.

2. Den Kochschinken und rohen Schinken in Würfel schneiden. Eier verschlagen, mit Salz und Pfeffer würzen. Den Knoblauch abziehen, in sehr kleine Würfel schneiden und unter die Eiermasse rühren.

3. Petersilie abspülen und trocken tupfen. Die Blättchen von den Stängeln zupfen. Die Blättchen grob zerkleinern.

4. Den Backofen vorheizen.
Ober-/Unterhitze: etwa 180 °C
Heißluft: etwa 160 °C

5. Speiseöl in einer großen Pfanne erhitzen. Butter hinzufügen und zerlassen. Die Kartoffelscheiben darin unter mehrmaligem Wenden braun braten. Schinkenwürfel hinzugeben und kurz mitbraten lassen. Mit Salz und Pfeffer würzen. Etwa die Hälfte der Petersilie unterrühren.

6. Die Kartoffel-Schinken-Masse in eine große Auflaufform (gefettet) oder eine Fettpfanne (gefettet) geben. Die Eiermasse darauf verteilen. Die Form auf dem Rost oder die Fettpfanne in den vorgeheizten Backofen schieben. Die Kartoffel-Schinken-Masse **etwa 25 Minuten stocken lassen.**

7. Die Tortilla vor dem Servieren mit der restlichen Petersilie bestreuen und in Tortenstücke schneiden.

Tipps: Die Tortilla reicht für 4 Personen als Hauptgericht. Anstelle einer großen Tortilla können Sie auch 4 kleine Tortillas zubereiten. Dazu nacheinander in einer Pfanne (Ø etwa 20 cm) jeweils ein Viertel der vorbereiteten Zutaten anbraten. Ein Viertel der Eiermasse hinzufügen und in der Pfanne etwa 5 Minuten bei schwacher Hitze stocken lassen.

Kartoffelsuppe mit Daikonkresse und Knusperspeck

Raffiniert

4 Portionen

Pro Portion: E: 6 g, F: 8 g, Kh: 14 g, kJ: 646, kcal: 154, BE: 1,0

8 Scheiben	*Bacon (Frühstücksspeck)*
1	*Zwiebel*
1	*Knoblauchzehe*
1 Stange	*Porree (Lauch)*
350–400 g	*Kartoffeln*
30 g	*Butter*
750 ml (3/4 l)	*Gemüsebrühe*
	Salz, frisch gemahlener Pfeffer
2 Kästchen	*Daikonkresse*

Zubereitungszeit: 25 Minuten
Garzeit: 42–50 Minuten

1. Den Backofen vorheizen.
Ober-/Unterhitze: etwa 140 °C
Heißluft: etwa 120 °C

2. Die Baconscheiben auf einem Backblech (mit Backpapier belegt) verteilen. Das Backblech in den vorgeheizten Backofen schieben. Die Baconscheiben in **30–35 Minuten knusprig braun braten.**

3. Die Baconscheiben vom Backblech nehmen und auf Küchenpapier abtropfen lassen.

4. Zwiebel und Knoblauch abziehen, in kleine Würfel schneiden. Porree putzen, das Grün abschneiden und nur die weiße Stange verwenden. Porreestange längs halbieren, gründlich waschen, abtropfen lassen und in sehr feine Streifen schneiden, damit sich anschließend die Suppe glatter pürieren lässt.

5. Kartoffeln waschen, schälen, abspülen, abtropfen lassen und in kleine Würfel schneiden. Die Butter in einem Topf zerlassen. Die Zwiebel-, Knoblauchwürfel, Porreestreifen und Kartoffelwürfel darin unter Rühren 3–4 Minuten leicht andünsten. Brühe hinzugießen, zum Kochen bringen und zugedeckt 12–15 Minuten kochen lassen. Die Suppe mit einem Stabmixer pürieren. Mit Salz und Pfeffer würzen.

6. Die Kresse abspülen, trocken tupfen und mit einer Schere abschneiden. Die Suppe mit der Kresse und dem Knusperspeck anrichten.

Tipps: Kochen Sie die Daikonkresse nie mit, sondern geben Sie sie unmittelbar vor dem Servieren in oder auf die fertige Suppe. Als Alternative zum Bacon können auch geröstete Brotwürfel oder Stücke von geräuchertem Forellenfilet oder Räucherlachs verwendet werden.

Kartoffeltorte mit Oregano

Für Gäste

4 Portionen

Pro Portion: E: 23 g, F: 48 g, Kh: 28 g, kJ: 2689, kcal: 642, BE: 2,5

800 g festkochende Kartoffeln
1 Bund Oregano
Salz
frisch gemahlener Pfeffer
Knoblauchpulver
400 g Schlagsahne
6 Eier (Größe M)
100 g geriebener Käse, z. B. Gouda oder fester Mozzarella

einige Zweige blühender Oregano

Zubereitungszeit: 30 Minuten
Garzeit: etwa 60 Minuten

1. Den Backofen vorheizen.
Ober-/Unterhitze: etwa 200 °C
Heißluft: etwa 180 °C

2. Kartoffeln waschen, schälen, abspülen, abtropfen lassen und in sehr dünne Scheiben schneiden oder hobeln.

3. Oregano abspülen und trocken tupfen. Die Blättchen von den Stängeln zupfen. Die Blättchen klein schneiden.

4. Kartoffelscheiben mit Oregano bestreuen, mit Salz, Pfeffer und Knoblauch würzen. Sahne und Eier verschlagen, mit Salz, Pfeffer und Knoblauch würzen.

5. Zwei Springformböden (Ø 18 cm, gefettet) mit Alufolie belegen und mit dem Springformrand (etwa 7 cm Höhe) festklemmen, damit die Formen dicht sind.

6. Jeweils die Hälfte der Kartoffelscheiben in eine Form schichten. Jeweils die Hälfte der Eier-Sahne-Mischung darauf verteilen, sodass die Kartoffelscheiben ganz bedeckt sind.

7. Die Formen auf ein Backblech stellen und in den vorgeheizten Backofen schieben. Die Kartoffeltorten **etwa 60 Minuten garen.**

8. Die Kartoffeltorten nach etwa 45 Minuten Garzeit mit Käse bestreuen und fertig garen.

9. Die Kartoffeltorten etwa 5 Minuten in den Formen stehen lassen, dann aus den Formen lösen und in Stücke schneiden.

10. Oreganozweige vorsichtig abspülen und trocken tupfen. Die Kartoffeltorten mit den Oreganozweigen garniert sofort servieren.

Kerbel

Kerbel gehört zur Familie der Doldengewächse. Sein Geschmack erinnert an Anis. Er kann wie Petersilie verwendet werden. Kerbel schmeckt aromatisch süß-pfefferig nach Petersilie und Anis. Passt zu: Salaten, Suppen, Saucen, Fisch- und Käsegerichten, Kräuterquark und -butter, Spargel und Eiern. Kerbel darf nicht mitgekocht werden.

Kichererbsen-Sambal mit Minze

Exotisch

2 Portionen

Pro Portion: E: 14 g, F: 14 g, Kh: 60 g, kJ: 1826, kcal: 436, BE: 4,5

1 Dose	*Kichererbsen (Abtropfgewicht 240 g)*
5	*getrocknete Aprikosen*
1	*rote Zwiebel*
100 g	*Baby-Spinat*
12	*Cocktailtomaten*
2 EL	*Speiseöl*
1 EL	*Currypulver, mild*
1 EL	*Sambal Oelek*
2 EL	*brauner Zucker (Rohrzucker)*
250 ml (1/4 l)	*Gemüsebrühe (evtl. aus gekörnter Bio-Brühe)*
	Salz
1 TL	*Speisestärke*
5–6 Blättchen	*Minze*
1 EL	*Limettensaft*

Zubereitungszeit: 40 Minuten
Garzeit: 2–3 Minuten

1. Kichererbsen in ein Sieb geben, mit kaltem Wasser abspülen und abtropfen lassen. Aprikosen in kleine Stücke schneiden. Zwiebel abziehen, halbieren und in etwa 1/2 cm breite Streifen schneiden. Spinat putzen, gründlich abspülen und gut abtropfen lassen oder trocken schleudern. Tomaten abspülen, abtropfen lassen und halbieren. Evtl. Stängelansätze herausschneiden.

2. Speiseöl in einem Topf erhitzen. Zwiebelstreifen darin unter Rühren weich dünsten. Mit Curry, Sambal Oelek und Zucker würzen. Kichererbsen, Aprikosenstücke, Tomatenhälften und Spinat untermischen. Die Brühe hinzugießen, mit Salz würzen.

3. Die Zutaten zum Kochen bringen und 2–3 Minuten kochen lassen. Speisestärke mit etwas Wasser anrühren, unter das Gemüse rühren und kurz aufkochen lassen.

4. Die Minzeblättchen abspülen, trocken tupfen und grob zerschneiden. Minze und Limettensaft unter das Kichererbsen-Gemüse mischen.

Beilage: Basmatireis.

Kleine Hühnchen-Saltimbocca mit Salbei

Schnell

2 Portionen

Pro Portion: E: 56 g, F: 8 g, Kh: 4 g, kJ: 1341, kcal: 321, BE: 0,5

2	*Hähnchenbrustfilets (ohne Haut, je etwa 175 g)*
8 Scheiben	*Coppa (ital. roher Schinken)*
8 schöne Blättchen	*Salbei*
	Salz
	frisch gemahlener Pfeffer
1 TL	*Fenchelsamen*
2 EL	*Olivenöl*
1 EL	*Orangenzesten (-streifen) von 1 Bio-Orange (unbehandelt, ungewachst)*
1 EL	*Balsamico-Essig*

Außerdem:

8 Holzstäbchen

Zubereitungszeit: 20 Minuten
Garzeit: 4–6 Minuten

1. Hähnchenbrustfilets kurz unter fließendem kalten Wasser abspülen, trocken tupfen und der Länge nach in je 4 dünne Scheiben schneiden.

2. Zuerst die Schinkenscheiben, dann die abgespülten und trocken getupften Salbeiblättchen auf die Hähnchenschnitzel legen. Mit je 1 Holzstäbchen feststecken. Mit Salz, Pfeffer und Fenchelsamen bestreuen.

3. Olivenöl in einer großen Pfanne erhitzen. Die Hähnchenschnitzel mit der belegten Seite hineinlegen und 3–4 Minuten bei mittlerer Hitze braten. Schnitzel wenden und weitere 1–2 Minuten braten.

4. Zuletzt Orangenzesten hinzugeben. Mit Balsamico-Essig beträufeln und einmal durchschwenken.

Knuspriger Schweinebauch mit Malzbiersauce und Beifuß

Macht richtig satt

4–6 Portionen

Pro Portion: E: 56 g, F: 99 g, Kh: 14 g, kJ: 4865, kcal: 1162, BE: 1,0

1,6 kg	*Schweinebauch (mit Schwarte)*
etwa 1 1/2 l	*Gemüse-, Kalbs- oder Geflügelfond*
2	*mittelgroße Zwiebeln*
4	*Knoblauchzehen*
1 Bund	*Suppengrün (Möhre, Sellerie, Porree)*
1 Zweig	*Beifuß*
3 EL	*Speiseöl*
1 EL	*Tomatenmark*
0,33 ml	*Malzbier*

Zubereitungszeit: 10–15 Minuten, ohne Marinierzeit
Garzeit: 2 1/4–2 3/4 Stunden

1. Den Backofen vorheizen.
Ober-/Unterhitze: etwa 160 °C
Heißluft: etwa 140 °C

2. Den Schweinebauch mit Küchenpapier trocken tupfen und mit der Schwarte nach unten in einen großen Bräter legen. Etwa 500 ml (1/2 l) Fond hinzugießen. Den Bräter auf dem Rost in den vorgeheizten Backofen schieben. Schweinebauch **etwa 45 Minuten garen.**

3. In der Zwischenzeit Zwiebeln und Knoblauch abziehen, in kleine Würfel schneiden. Suppengrün putzen, abspülen, abtropfen lassen und ebenfalls fein würfeln. Beifuß abspülen und trocken tupfen. Die Blättchen von den Spitzen zupfen

4. Nach etwa 45 Minuten Garzeit den Schweinbauch aus dem Bräter nehmen. Die Schwarte mit einem Teppichmesser rautenförmig einschneiden. Den Fond aus dem Bräter zum restlichen Fond gießen.

5. Bräter kurz mit etwas Küchenpapier auswischen. Pflanzenfett in dem Bräter erhitzen. Gemüsewürfel hinzugeben und unter Wenden goldbraun anrösten. Tomatenmark unterrühren und kurz mit anbraten. Mit Malzbier ablöschen. Den Fond hinzugießen. Die Röststoffe mit einem Kochlöffel vom Boden des Bräters lösen. Den Fond aufkochen. Beifußblättchen hinzugeben. Schweinebauch mit der Schwarte nach oben auf das Gemüse legen.

6. Den Bräter wieder auf dem Rost in den heißen Backofen schieben. Den Schweinebauch mit dem Gemüse **bei gleicher Backofeneinstellung weitere 1 1/2–2 Stunden garen.** Schweinebauch während des Garens hin und wieder mit dem Fond übergießen.

7. Den Bräter aus dem Backofen nehmen. Den Backofengrill vorheizen.

8. Den Schweinebauch herausnehmen. Die Sauce/Fond durch ein Sieb passieren, in einen Topf geben und sirupartig einkochen lassen.

9. Den Schweinebauch mit der Schwarte nach oben wieder in den Bräter legen. Die Schwarte knusprig braun überbacken.

Beilage: Knödel, Wirsinggemüse oder Rosenkohl.

Tipps: Statt Beifuß Weinraute oder Eberraute verwenden. Eberraute eignet sich gut zum Würzen von fettigen Speisen und wirkt verdauungsfördernd. Sie sollte nur in geringen Mengen verwendet werden, sonst könnten die mit Eberraute gewürzten Speisen nachhaltig zu bitter schmecken. Eberraute ist für Schwangere nicht geeignet.

Koriander

Koriander gehört zu den Doldengewächsen. Verwendet werden sowohl die Samen als auch die frischen, jungen Korianderblätter. Koriander wird in der islamischen, indischen und südamerikanischen Küche verwendet. Dort wird er als „Cilantro“ bezeichnet. Er sollte vorsichtig dosiert werden. Mit frischem Koriander würzt man vorzugsweise orientalische, indische, asiatische, karibische und mexikanische Gerichte.

Korianderschaumsüppchen mit gebratenen Garnelen

Etwas Besonders – für Gäste

4 Portionen

Pro Portion: E: 21 g, F: 25 g, Kh: 23 g, kJ: 1662, kcal: 400, BE: 1,5

400 g Kartoffeln
175 g Bambussprossen (aus der Dose)
2 milde Chilischoten
200 g Sojakeimlinge
3 Frühlingszwiebeln
1 Möhre (etwa 100 g)
2 EL Olivenöl
1 l Geflügelfond oder -brühe
2 Bund frischer Koriander
4 EL Sojasauce
Salz
frisch gemahlener Pfeffer

400 ml Kokosmilch (aus der Dose)

8 frische Garnelen (etwa 250 g)
2 EL Olivenöl
2 kleine Zweige Koriander

Außerdem:

4 Holzspieße oder 4 Stängel Zitronengras

Zubereitungszeit: 40 Minuten
Garzeit: Suppe etwa 25 Minuten

1. Kartoffeln waschen, schälen, abspülen, abtropfen lassen und in kleine Würfel schneiden. Bambussprossen in einem Sieb abtropfen lassen.

2. Chilischoten abspülen, trocken tupfen und sehr klein schneiden, evtl. entkernen. Sojakeimlinge in ein Sieb geben, abspülen und abtropfen lassen.

3. Frühlingszwiebeln putzen, abspülen, abtropfen lassen und in kleine Würfel schneiden. Möhre putzen, schälen, abspülen, abtropfen lassen und ebenfalls in kleine Würfel schneiden.

4. Olivenöl in einem Topf erhitzen. Die vorbereiteten Zutaten darin portionsweise andünsten. Alle angedünsteten Zutaten in den Topf geben. Fond oder Brühe hinzugießen, zum Kochen bringen und zugedeckt etwa 25 Minuten bei schwacher Hitze leicht kochen lassen.

5. Koriander abspülen und trocken tupfen. Die Blättchen von den Stängeln zupfen. Blättchen grob zerkleinern und in die Suppe rühren. Mit Sojasauce, etwas Salz und Pfeffer würzen.

6. Die Suppe pürieren. Die Kokosmilch unterrühren. Nochmals mit den Gewürzen abschmecken.

7. Garnelen schälen, vom Rücken her den Darm entfernen. Garnelen kurz unter fließendem kalten Wasser abspülen und trocken tupfen. Mit Salz und Pfeffer würzen. Olivenöl in einer Pfanne erhitzen. Garnelen darin etwa 8 Minuten von beiden Seiten braten, herausnehmen und auf Holzspieße oder dünne Zitronengrasstängel spießen (je Spieß 2 Garnelen).

8. Die fertige Suppe mit dem Pürierstab aufschäumen und anrichten. Garnelenspieße jeweils an den Teller- oder Tassenrand legen und mit abgespülten und trocken getupften Korianderblättchen garnieren.

Tipps: Zusätzlich können auch kleine, gebratene Geflügelmedaillons in die Suppe gegeben werden. Leicht angeschlagene Sahne macht die Suppe noch cremiger.

Kräuterbutter

Klassisch – gut vorzubereiten

4 Portionen

Pro Portion: E: 0 g, F: 21 g, Kh: 0 g, kJ: 799, kcal: 191, BE: 0,0

100 g	*weiche Butter*
2 TL	*fein gehackte Pimpinelleblättchen*
2 TL	*fein gehackte Basilikumblättchen*
1 TL	*Schalottenwürfel*
1	*abgezogene, zerdrückte Knoblauchzehe*
6 Blättchen	*fein gehackter Estragon*
1 TL	*Zitronensaft*
einige Tropfen	*Worcestersauce*
	Salz, frisch gemahlener Pfeffer

Zubereitungszeit: 20 Minuten

1. Butter in einer Schüssel mit Handrührgerät mit Rührbesen geschmeidig rühren.

2. Pimpinelle-, Basilikumblättchen, Schalottenwürfel, Knoblauch, Estragonblättchen und Zitronensaft gut unterrühren.

3. Die Butter mit Worcestersauce, Salz und Pfeffer abschmecken.

Tipps: Kräuterbutter mit jeweils nur einem Kraut zubereiten, z. B. Basilikumbutter, Estragonbutter, Salbeibutter, Thymianbutter. Die Butter jeweils in kleinen Schälchen servieren; einen Zweig des jeweiligen Krautes dazulegen. Passt zu Gemüsen vom Grill und zu knusprig aufgebackenem Baguette.

Kräutergelee

Raffiniert

etwa 5 Gläser zu je 200 ml

Insgesamt: E: 1 g, F: 0 g, Kh: 593 g, kJ: 10307, kcal: 2433, BE: 49,5

1	*Bio-Zitrone (unbehandelt, ungewachst)*
1 Zweig	*Rosmarin*
1 Zweig	*Zitronenthymian*
1 Zweig	*Salbei*
1 Zweig	*Basilikum*
1 l	*Apfelsaft (Handelsware)*
500 g	*Extra Gelierzucker 2:1*
1 Pck.	*Zitronensäure (5 g)*
5 kleine Blättchen	*Salbei*
4 Blättchen	*Basilikum*
2 Zweige	*Zitronenthymian*
1 Zweig	*Rosmarin*

Zubereitungszeit: 30 Minuten, ohne Abkühlzeit
Haltbarkeit: kühl und dunkel gestellt 3–4 Monate

1. Bio-Zitrone heiß abwaschen und abtrocknen. Ein Viertel der Schale mit einem Messer dünn abschälen. Kräuterzweige abspülen und trocken tupfen.

2. Den Apfelsaft mit gut der Hälfte der Zitronenschale (restliche Schale beiseitelegen) und den Kräuterzweigen in einem Topf zum Kochen bringen und etwa 10 Minuten bei mittlerer Hitze kochen lassen. Topf von der Kochstelle nehmen. Kräuter-Apfel-Flüssigkeit erkalten lassen.

3. Anschließend durch ein Sieb in einen Topf gießen und 900 ml abmessen.

4. Die abgemessene Kräuter-Apfel-Flüssigkeit mit Extra Gelierzucker und Zitronensäure in einen großen Kochtopf geben und gut verrühren. Beiseitegelegte Zitronenschale in 5–6 Stücke schneiden und unterrühren. Die Zutaten unter Rühren bei starker Hitze zum Kochen bringen und mindestens 2 Minuten unter ständigem Rühren sprudelnd kochen lassen.

5. Kräuterblättchen und -zweige abspülen, trocken tupfen (Zitronenthymian- und Rosmarinzweige evtl. etwas zerkleinern), hinzufügen und etwa 1 Minute sprudelnd mitkochen lassen. Topf von der Kochstelle nehmen.

6. Kochgut evtl. abschäumen und sofort randvoll in vorbereitete Gläser füllen. Darauf achten, dass in jedem Glas jeweils 1 Stück Zitronenschale und unterschiedliche Kräuter sind.

7. Die Gläser mit Twist-off-Deckeln® verschließen, umdrehen und etwa 5 Minuten auf den Deckeln stehen lassen.

8. Die Gläser während des Erkaltens gelegentlich umdrehen, damit sich die Zitronenschale und die Kräuter gut verteilen.

Tipps: Kräutergelee zu Käse, z.B. Brie-Käse oder italienischem Weichkäse, reichen. Die Haltbarkeit des Gelees wird durch die Zugabe der Kräuter verkürzt.

Kräutergurken

Klassisch – mit Alkohol

etwa 3 Gläser je 750 ml (3/4 l)

Insgesamt: E: 14 g, F: 4 g, Kh: 167 g, kJ: 3757, kcal: 893, BE: 8,5

1 1/2 kg	*kleine, gerade Einlegegurken*
	Salzwasser (auf 1 l Wasser 75 g Salz)
2 Zweige	*Dill*
2 Zweige	*glatte Petersilie*
1 Zweig	*Rosmarin*
2 Blättchen	*Salbei*

Für die Essig-Zucker-Lösung:

250 g	*kleine Perlzwiebeln*
1 Stück	*frische Ingwerwurzel*
je 125 ml (1/8 l)	*Weißweinessig und Weißwein*
500 ml (1/2 l)	*Wasser*
100 g	*Zucker*
3 gestr. TL	*Salz*
2	*Lorbeerblätter*
1/2 TL	*Pfefferkörner*
1 Pck.	*Einmachhilfe*

Zubereitungszeit: 60 Minuten, ohne Durchziehzeit
Durchziehzeit: mindestens 3 Wochen
Haltbarkeit: kühl und dunkel gestellt etwa 6 Monate

1. Gurken gründlich waschen, abtropfen lassen und in eine Schüssel geben. Salzwasser über die Gurken gießen und 12–24 Stunden an einem kühlen Ort stehen lassen.

2. Gurken aus dem Salzwasser nehmen, sorgfältig abbürsten und abspülen. Gurken einzeln mit einem Tuch abtrocknen und die schlechten Stellen entfernen.

3. Dill, Petersilie, Rosmarin und Salbeiblättchen abspülen, trocken tupfen. Gurken und Kräuter in vorbereitete Gläser füllen.

4. Für die Essig-Zucker-Lösung Zwiebeln abziehen, Ingwer schälen, mit Essig, Wein, Wasser, Zucker, Salz, Lorbeerblättern und Pfefferkörnern in einem Topf zum Kochen bringen. Den Topf von der Kochstelle nehmen, Einmachhilfe unterrühren.

5. Die Essig-Zucker-Lösung über die Gurken gießen. Die Gläser sofort mit Twist-off-Deckeln® verschließen. Gurken mindestens 3 Wochen kalt gestellt vor dem Verzehr durchziehen lassen.

Kräuterlikör

Exotisch – mit Alkohol
etwa 1,2 Liter

Insgesamt: E: 0 g, F: 0 g, Kh: 250 g, kJ: 13862, kcal: 3308, BE: 21,0

3 Stängel Salbei
2 Stängel Basilikum
2 Stängel Zitronenverbene oder Zitronenmelisse
1 Stängel Rosmarin
3 Stängel Zitronengras
1 Stiel Kamillenblüten
1 Bio-Limette (unbehandelt, ungewachst)
250 g weißer Kandis
1 l Wodka (40 Vol.-%)

Zubereitungszeit: 15 Minuten
Durchziehzeit: etwa 2 Wochen
Haltbarkeit: gekühlt 6–12 Monate

1. Die Kräuterstängel und Kamillenblüten abspülen und trocken tupfen.

2. Die Limette heiß abwaschen, abtrocknen und die Schale abreiben. Dabei darauf achten, dass nur die grüne Schale und nicht das Weiße abgerieben wird.

3. Kräuterstängel, Kamillenblüten, Limettenschale und Kandis in ein großes, gründlich gereinigtes, gespültes Glas geben, mit dem Wodka übergießen.

4. Das Glas fest verschließen und kurz schütteln.

5. Den Kräuterlikör etwa 2 Wochen an einem kühlen, dunklen Ort (am besten im Keller) durchziehen lassen.

6. Anschließend den Kräuterlikör durch ein mit einem Geschirrtuch ausgelegtes Sieb gießen.

7. Den aufgefangenen Likör in Flaschen füllen und kalt gestellt aufbewahren.

Tipp: Sie können auch getrocknete Kamillenblüten verwenden.

Kräuternudeln

Mit Alkohol

4 Portionen

Pro Portion: E: 20 g, F: 28 g, Kh: 76 g, kJ: 2749, kcal: 656, BE: 6,0

Für den Nudelteig:

400 g Weizenmehl
4 Eier (Größe M)
2 Eigelb (Größe M)
1 gestr. TL Salz

2 Bund oder
2 Töpfe junger Liebstöckel oder Salbei
4 Tomaten (etwa 450 g)
2 Knoblauchzehen
3 EL Olivenöl
100 ml trockener Weißwein
Salz
frisch gemahlener Pfeffer

4 l Wasser
4 gestr. TL Salz
4 EL Olivenöl
vorbereitete frische Kräuter

Zubereitungszeit: 65 Minuten, ohne Ruhezeit

1. Für den Teig Mehl in eine Rührschüssel geben und eine kleine Vertiefung eindrücken. Eier, Eigelb und Salz in die Vertiefung geben. Die Zutaten von der Mitte aus mit Handrührgerät mit Knethaken zu einem glatten Teig verarbeiten. Den Teig zu einer Kugel formen und in Frischhaltefolie gewickelt etwa 1 Stunde ruhen lassen.

2. Liebstöckel oder Salbei abspülen und trocken tupfen. Die Blättchen von den Stängeln zupfen.

3. Den Nudelteig halbieren. Jeweils eine Teighälfte auf einer leicht bemehlten Arbeitsfläche zu einer dünnen, rechteckigen Platte ausrollen. Eine Teigplatte mit Wasser bestreichen und mit einem Teil der Kräuterblättchen belegen.

4. Die zweite Teigplatte ebenfalls mit Wasser bestreichen, darauflegen und mit einer Teigrolle darüberrollen, bis beide Nudelplatten aneinander haften. Nochmals etwa 5 Minuten ruhen lassen. Die Teigplatte in beliebige Formen schneiden oder ausstechen.

5. Tomaten abspülen, trocken tupfen, vierteln, entkernen und die Stängelansätze entfernen. Tomatenviertel in Würfel schneiden. Knoblauch abziehen und in kleine Würfel schneiden.

6. Olivenöl in einer Pfanne erhitzen. Knoblauch-, Tomatenwürfel und restliche Kräuterblättchen darin andünsten. Mit Wein ablöschen, mit Salz und Pfeffer würzen.

7. Wasser in einem großen Topf zum Kochen bringen. Salz und Nudeln hinzufügen. Die Nudeln im geöffneten Topf etwa 5 Minuten unter gelegentlichem Rühren garen.

8. Die Nudeln in ein Sieb geben, mit heißem Wasser abspülen und abtropfen lassen. Olivenöl in einer Pfanne erhitzen. Die Nudeln darin schwenken und in eine Schüssel geben. Tomatenwürfeln darauf verteilen und mit frischen Kräutern garnieren.

Tipps: Statt Salbei können Sie auch glatte Petersilie oder Thai-Basilikum verwenden. Die Kräuternudeln können auch als Beilage zu Fleisch- und Fischgerichten gereicht werden. Kräuternudeln lassen sich sehr gut einfrieren.

Kräuteroliven

Für Gäste – für die Party

Insgesamt: E: 4 g, F: 187 g, Kh: 9 g, kJ: 7179, kcal: 1714, BE: 0,5

1 Glas	*grüne, entsteinte Oliven (Abtropfgewicht 100 g)*
1 Glas	*schwarze, entsteinte Oliven (Abtropfgewicht 65 g)*
6 Stängel	*Basilikum*
½ Bund	*glatte Petersilie*
2	*Knoblauchzehen*
2	*rote Chilischoten*
150 ml	*Olivenöl*

Zubereitungszeit: 20 Minuten
Durchziehzeit: 2–3 Tage
Haltbarkeit: kalt gestellt mindestens 1 Woche

1. Grüne und schwarze Oliven in einem Sieb abtropfen lassen und mit Küchenpapier trocken tupfen.

2. Basilikum und Petersilie abspülen, trocken tupfen. Die Blättchen von den Stängeln zupfen. Blättchen in feine Streifen schneiden. Knoblauch abziehen und in dünne Scheiben schneiden.

3. Chilischoten abspülen, trocken tupfen, der Länge nach aufschneiden und entkernen. Chilischoten in sehr kleine Würfel schneiden.

4. Die Oliven mit Basilikum-, Petersilienstreifen, Knoblauchscheiben und Chiliwürfeln mischen, in ein vorbereitetes Glas geben und mit Olivenöl übergießen. Das Glas mit einem Twist-Off-Deckel® verschließen.

5. Die Oliven 2–3 Tage an einem kühlen Ort stehen lassen, dabei das Glas gelegentlich schütteln.

Kräuter-Öl-Mischung

Gut vorzubereiten

1 Flasche etwa 750 ml (3/4 l)

Insgesamt: E: 4 g, F: 499 g, Kh: 12 g, kJ: 18759, kcal: 4480, BE: 0,5

1 Bund	*Petersilie*
3 Zweige	*Estragon*
1 Bund	*Schnittlauch*
je 1/4	*rote, gelbe und grüne Paprikaschote*
1/2 EL	*gemahlener Kümmelsamen*
1/2 EL	*grob zerdrückter, schwarzer Pfeffer*
500 ml (1/2 l)	*Olivenöl*

Zubereitungszeit: 25 Minuten, ohne Durchziehzeit
Durchziehzeit: etwa 1 Woche
Haltbarkeit: dunkel gestellt 2–3 Wochen

1. Kräuter vorsichtig abspülen und trocken tupfen. Von der Petersilie und dem Estragon die Blättchen von den Stängeln zupfen. Blättchen klein schneiden. Schnittlauch in kleine Röllchen schneiden.

2. Paprikaviertel entstielen, entkernen und die weißen Scheidewände entfernen. Schotenviertel abspülen, trocken tupfen und in Würfel schneiden.

3. Paprikawürfel mit den Kräutern, Kümmel, Pfeffer und Olivenöl verrühren.

4. Die Mischung in eine gründlich gereinigte, gespülte Flasche geben, verschließen, kräftig durchschütteln, etwa 1 Woche an einem dunklen Ort stehen und durchziehen lassen.

5. Nach Belieben das durchgezogene Kräuteröl durch eine Filtertüte gießen, wieder in die zuvor gesäuberte Flasche füllen und an einem dunklen Ort aufbewahren.

Tipp: Die Kräuter-Öl-Mischung für Tomaten- und Paprikasalate verwenden sowie zum Braten von Lamm- oder Schweinefleisch.

Kräuterquark mit Pellkartoffeln

Beliebt – einfach

4 Portionen

Pro Portion: E: 21 g, F: 17 g, Kh: 42 g, kJ: 1727, kcal: 413, BE: 3,5

1 kg Kartoffeln
Salz

Für den Kräuterquark:

500 g Speisequark (20% Fett)
125 g Schlagsahne
1 Bund Schnittlauch
1 Bund Petersilie
frisch gemahlener Pfeffer

Zubereitungszeit: 35 Minuten

1. Kartoffeln unter fließendem kalten Wasser gründlich abbürsten, in einem Topf knapp mit Salzwasser bedeckt zum Kochen bringen und in 20–25 Minuten gar kochen.

2. Für den Kräuterquark in der Zwischenzeit Quark mit Sahne in einer Schüssel verrühren.

3. Schnittlauch und Petersilie abspülen, trocken tupfen. Schnittlauch in feine Röllchen schneiden. Von der Petersilie die Blättchen von den Stängeln zupfen. Blättchen klein schneiden.

4. Die Kräuter unter den Quark rühren. Mit Salz und Pfeffer würzen. Den Kräuterquark cremig aufschlagen.

5. Die garen Kartoffeln abgießen und abdämpfen. Kartoffeln mit zwei Gabeln aufbrechen. Je 1 Esslöffel Kräuterquark hineingeben und sofort servieren.

Tipp: Nach Belieben können auch noch fein geschnittene Radieschenscheiben unter den Quark gehoben werden.

Kräutersalat mit Ziegenkäse

Raffiniert

2 Portionen

Pro Portion: E: 7 g, F: 21 g, Kh: 3 g, kJ: 939, kcal: 225, BE: 0,2

2 Handvoll	*junger Spinat*
1 Kästchen	*Kresse*
einige Blätter	*junger Löwenzahnsalat*
einige Blätter	*glatte Petersilie*
4 Scheiben	*Frühstücksspeck (Bacon)*
1	*kleiner Ziegenkäse*

Für die Vinaigrette:

1 EL	*Weißweinessig*
	Salz
	frisch gemahlener Pfeffer
1 Prise	*Zucker*
2 Prisen	*gerebelter Estragon*
½ TL	*mittelscharfer Senf*
3 EL	*Speiseöl*

Zubereitungszeit: 20 Minuten

1. Spinatblätter putzen, gründlich waschen und trocken tupfen. Dicke Stiele abschneiden. Kresse abspülen, trocken tupfen und abschneiden. Löwenzahn- und Petersilienblätter abspülen und trocken tupfen.

2. Den Backofengrill vorheizen.

3. Speckscheiben in einer Pfanne ausbraten, herausnehmen und auf Küchenpapier legen.

4. Ziegenkäse kurz in einer Pfanne erhitzen oder unter dem vorgeheizten Backofengrill kurz übergrillen.

5. Die vorbereiteten Salatzutaten auf einer runden Platte anrichten.

6. Für die Vinaigrette Essig mit Salz, Pfeffer, Zucker, Estragon und Senf verrühren. Speiseöl unterschlagen.

7. Den angerichteten Salat mit der Vinaigrette beträufeln. Ziegenkäse und Speckscheiben dekorativ darauflegen. Sofort servieren.

Kresse

Gartenkresse gehört zu den Kreuzblütlern. Sie ist kräftig und pfeffrig-würzig im Geschmack. Sie wird in Kästchen, aber auch zum Selbstziehen angeboten. Passt zu: Suppen, Saucen, Salaten, Fisch, Steaks und Kurzgebratenem, Rohkost, Quark-, Joghurt- und Eierspeisen, Kräuterbutter und Brot.

Kubanisches Rumhühnchen mit Currykraut

Mit Alkohol

4 Portionen

Pro Portion: E: 39 g, F: 6 g, Kh: 5 g, kJ: 1067, kcal: 255, BE: 0,5

4 Hühnerbrustfilets (je etwa 160 g)

Für die Marinade:

2 Zweige Currykraut
1 Bio-Limette (unbehandelt, ungewachst)
3 EL Rum
3 EL Sojasauce
3 TL Rohrzucker (brauner Zucker)
2 EL Olivenöl
Salz
frisch gemahlener Pfeffer

3 EL Olivenöl

Zubereitungszeit: 10–15 Minuten, ohne Marinierzeit
Garzeit: etwa 8 Minuten

1. Die Hühnerbrustfilets kurz unter fließendem kalten Wasser abspülen, trocken tupfen und in eine Schale legen.

2. Für die Marinade Currykraut abspülen und trocken tupfen. Die Nadeln von den Stängeln zupfen. Nadeln grob hacken. Limette heiß abwaschen, abtrocknen und die Schale abreiben. Limette halbieren und den Saft auspressen.

3. Rum mit Sojasauce, Rohrzucker, Zitronenschale, -saft und Currykraut gut verrühren. Olivenöl unterschlagen. Mit Salz und Pfeffer würzen.

4. Die Marinade auf den Hühnerbrustfilets verteilen, zugedeckt und kalt gestellt etwa 1 Stunde unter mehrmaligem Wenden durchziehen lassen.

5. Die Hühnerbrustfilets aus der Marinade nehmen und gut abtropfen lassen oder mit Küchenpapier trocken tupfen.

6. Olivenöl in einer Pfanne erhitzen. Hühnerbrustfilets darin von beiden Seiten hellbraun anbraten und in weiteren 5 6 Minuten bei schwacher bis mittlerer Hitze fertig braten. Dabei ab und zu mit der restlichen Marinade bestreichen.

7. Hühnerbrustfilets aus der Pfanne nehmen und anrichten.

Beilage: Frischer Blattsalat mit Mangowürfeln.

Tipp: Die Hühnerbrustfilets auf Reis oder gebratenen Süßkartoffeln anrichten und servieren.

Kürbiskuchen mit Majoran

Für Gäste

4 Portionen

Pro Portion: E: 19 g, F: 25 g, Kh: 59 g, kJ: 2267, kcal: 542, BE: 5,0

300 g	*Weizenmehl (Type 550)*
1 TL	*Dr. Oetker Trockenbackhefe*
1 gestr. TL	*Salz*
1 TL	*Kümmelsamen*
225 ml	*lauwarmes Wasser*
2 EL	*Walnussöl*
250 g	*Hokkaido-Kürbis*
100 g	*Zwiebeln*
je 50 g	*Ziegengouda- und Gruyère-Käse*
75 g	*durchwachsener Speck, in Scheiben*
75 g	*Crème fraîche*
	Salz
4 Zweige	*Majoran*
	frisch gemahlener, schwarzer Pfeffer

Zubereitungszeit: 40 Minuten, ohne Teiggehzeit
Backzeit: etwa 25 Minuten

1. Mehl in eine Rührschüssel geben, mit Trockenbackhefe sorgfältig vermischen. Salz, Kümmel, lauwarmes Wasser und Walnussöl hinzugeben. Die Zutaten mit Handrührgerät mit Knethaken zunächst kurz auf niedrigster, dann auf höchster Stufe in etwa 5 Minuten zu einem glatten Teig verarbeiten. Den Teig zugedeckt etwa 90 Minuten an einem warmen Ort gehen lassen.

2. In der Zwischenzeit von dem Kürbisstück die Kerne mit einem Löffel herausschaben. Kürbis schälen und das Fruchtfleisch in sehr dünne Scheiben schneiden oder hobeln. Zwiebeln abziehen und in dünne Streifen schneiden. Den Käse grob reiben. Speckscheiben in etwa 1 cm breite Streifen schneiden.

3. Den Backofen vorheizen.
Ober-/Unterhitze: etwa 240 °C
Heißluft: etwa 220 °C

4. Den gegangenen Teig leicht mit Mehl bestäuben und aus der Schüssel nehmen. Den Teig auf einem Backblech (mit Backpapier belegt) mit angefeuchteten Händen zu einem etwa 1 cm dicken Fladen formen.

5. Den Teigfladen zuerst mit Crème fraîche bestreichen. Kürbisscheiben leicht mit Salz bestreuen und darauflegen. Zwiebelstreifen daraufstreuen und den Käse darauf verteilen.

6. Majoran abspülen und trocken tupfen. Den Teigfladen mit den Speckstreifen und Majoranzweigen belegen. Mit grob gemahlenem Pfeffer bestreuen. Das Backblech in den vorgeheizten Backofen (untere Schiene) schieben. Den Kürbiskuchen **etwa 25 Minuten backen.**

Lammchops mit Estragon-Crème-fraîche

Etwas teurer

8 Portionen

Pro Portion: E: 24 g, F: 29 g, Kh: 1 g, kJ: 1499, kcal: 359, BE: 0,1

1 kg Lammrücken (ohne Knochen, aber mit einem dünnen Fettrand)
evtl. 6–7 Scheiben durchwachsener Speck
Salz, frisch gemahlener Pfeffer
etwas Speiseöl

2–3 Knoblauchzehen
250 g Crème fraîche
fein gehackte Estragonblättchen

evtl. einige Zweige Estragon

Außerdem:

Küchengarn

Zubereitungszeit: 30 Minuten
Grillzeit: 8–10 Minuten

1. Lammrücken mit Küchenpapier trocken tupfen, in 3–4 cm dicke Scheiben schneiden, evtl. mit je 1 Speckstreifen umlegen (wenn das Fleisch nicht genügend Fettrand hat), mit Küchengarn umwickeln, sodass eine runde Form entsteht. Das Fleisch mit Salz und Pfeffer würzen, mit Speiseöl bestreichen.

2. Die Lammchops auf den heißen Grillrost legen und von jeder Seite 4–5 Minuten grillen.

3. Knoblauch abziehen und durch eine Knoblauchpresse drücken. Crème fraîche mit Estragon und Knoblauch verrühren.

4. Die Lammchops auf einem Teller anrichten. Nach Belieben mit den abgespülten und trocken getupften Estragonzweigen garnieren.

5. Die Estragon-Crème-fraîche-Sauce dazureichen.

Belage: Ofenkartoffeln und Blattsalat.

Lammfilets am Spieß mit Thymian

Mit Alkohol

4 Portionen

Pro Portion: E: 35 g, F: 11 g, Kh: 4 g, kJ: 1175, kcal: 281, BE: 0,1

8	*Lammfilets (je etwa 80 g)*
1 Bund	*Thymian*
200 ml	*trockener Rotwein, z. B. italienischer Merlot*
4	*kleine Zucchini (etwa 400 g)*
2 EL	*Olivenöl*
200 ml	*Gemüsebrühe oder Lammfond*
	Salz, frisch gemahlener Pfeffer
	Knoblauchpulver
evtl. 1 EL	*brauner Saucenbinder*
einige Zweige	*Thymian*

Außerdem:

8	*Holzspieße*

Zubereitungszeit: 35 Minuten, ohne Marinierzeit
Garzeit: etwa 15 Minuten

1. Die Lammfilets mit Küchenpapier trocken tupfen. Filets längs auf Holzspieße stecken und in eine flache Schale legen.

2. Thymian abspülen und trocken tupfen. Die Blättchen von den Stängeln zupfen. Den Rotwein mit den Thymianblättchen verrühren. Die Lammspieße damit übergießen und 10–15 Minuten marinieren.

3. Zucchini abspülen, abtrocknen und die Enden abschneiden. Zucchini längs halbieren und in Scheiben schneiden.

4. Olivenöl in einer Pfanne erhitzen. Lammspieße darin etwa 5 Minuten von allen Seiten braten. Zucchinischeiben hinzugeben und etwa 10 Minuten unter mehrmaligem Wenden mitbraten lassen. Die Lammspieße aus der Pfanne nehmen und warm stellen.

5. Die Zucchinischeiben mit der Rotweinmarinade und Brühe oder Fond ablöschen. Mit Salz, Pfeffer und Knoblauch würzen. Zucchinischeiben nach Belieben mit Saucenbinder andicken.

6. Die warm gestellten Lammspieße auf das Zucchinigemüse legen und einige Minuten ziehen lassen.

7. Lammspieße mit abgespülten und trocken getupften Thymianzweigen garniert servieren.

Beilage: Gebratene Gnocchi oder Herzoginkartoffeln.

Lamm-Gurken-Curry mit Minze

Raffiniert – für Gäste

4 Portionen

Pro Portion: E: 36 g, F: 10 g, Kh: 19 g, kJ: 1349, kcal: 322, BE: 1,0

600 g	*Lammkeule (ohne Knochen)*
1	*Gemüsezwiebel (etwa 330 g)*
2	*Knoblauchzehen*
½ TL	*rote Currypaste (erhältlich im Asialaden)*
	Salz, frisch gemahlener Pfeffer
125 ml (⅛ l)	*Lammfond (aus dem Glas)*
2	*Schmorgurken (etwa 1 kg)*
300 g	*Joghurt*
100 g	*Mango-Chutney (aus dem Glas)*
einige Zweige	*Minze*

Zubereitungszeit: 25 Minuten
Garzeit: etwa 75 Minuten

1. Lammkeule mit Küchenpapier trocken tupfen, von Haut und Sehnen befreien. Das Fleisch in 2–3 cm große Würfel schneiden. Gemüsezwiebel und Knoblauch abziehen. Zwiebel in Streifen, Knoblauch in Scheiben schneiden.

2. Die vorbereiteten Zutaten mit der Currypaste in einen gewässerten Römertopf® geben und vermischen. Mit Salz und Pfeffer würzen. Fond hinzugießen.

3. Den Römertopf® mit dem Deckel verschließen und auf dem Rost in den kalten Backofen schieben.
Ober-/Unterhitze: etwa 220 °C
Heißluft: etwa 200 °C
Garzeit: etwa 75 Minuten

4. In der Zwischenzeit Gurken schälen und der Länge nach halbieren. Die Kerne mit einem Löffel herauskratzen. Gurkenhälften in Stücke schneiden.

5. Nach etwa 45 Minuten Garzeit die Gurkenstücke unter das Lammcurry rühren und im geschlossenen Topf fertig garen.

6. Joghurt mit Chutney verrühren, nach Ende der Garzeit unter das Lammcurry rühren. Mit Salz und Pfeffer abschmecken.

7. Minze abspülen und trocken tupfen. Die Blättchen von den Stängeln zupfen. Lammcurry in einer Schüssel anrichten und mit Minzeblättchen garnieren.

Tipp: Anstelle der roten Currypaste können Sie ersatzweise Chilipaste und Currypulver verwenden.

Lammkoteletts mit Sauerampferrahm

Raffiniert – für Gäste

4 Portionen

Pro Portion: E: 26 g, F: 50 g, Kh: 4 g, kJ: 2375, kcal: 568, BE: 0,1

2	*Frühlingszwiebeln (etwa 130 g)*
1 kleines Bund oder 1 Topf	*Sauerampfer*
16	*Lammkoteletts (mit Stiel, je etwa 40 g)*
	Salz
	frisch gemahlener Pfeffer
2 EL	*Olivenöl*
40 g	*Butter*
200 ml	*Fleischbrühe oder Lammfond*
200 g	*Schlagsahne*
evtl. einige Blätter	*Sauerampfer*

Zubereitungszeit: 45 Minuten

1. Frühlingszwiebeln putzen, abspülen, abtropfen lassen und in Ringe schneiden. Sauerampfer abspülen und abtropfen lassen. Die Blätter von den Stängeln zupfen oder schneiden. Blätter in Streifen schneiden.

2. Lammkoteletts kurz unter fließendem kalten Wasser abspülen und trocken tupfen. Mit Salz und Pfeffer würzen.

3. Das Olivenöl in einer Pfanne erhitzen. Die Lammkoteletts darin von beiden Seiten anbraten, herausnehmen, auf einen Teller legen und warm halten.

4. Butter in dem verbliebenen Bratfett in der Pfanne zerlassen. Die Frühlingszwiebelringe darin andünsten. Sauerampferstreifen hinzufügen und mit andünsten. Brühe oder Fond hinzugießen, zum Kochen bringen und etwa um die Hälfte einkochen lassen. Sahne unterrühren, wieder zum Kochen bringen und leicht cremig einkochen lassen. Den Rahm mit Salz und Pfeffer abschmecken.

5. Die Lammkoteletts mit dem Sauerampferrahm anrichten. Nach Belieben mit abgespülten und trocken getupften Sauerampferblättern garnieren.

Beilage: Gebratene Schupfnudeln und **grüne Bohnenkerne mit Tomatenwürfeln** (4 Portionen). Für die Bohnenkerne mit Tomatenwürfeln 1 Dose Bohnenkerne abtropfen lassen und in zerlassener Butter andünsten. Mit Salz und Pfeffer würzen. 1 Fleischtomate abspülen, trocken tupfen, vierteln, entkernen und den Stängelansatz entfernen. Tomatenviertel in Würfel schneiden und unter die Bohnenkerne heben.

Lavendel

Lavendel gehört zu den Lippenblütlern. Die Blätter erinnern an Rosmarin und schmecken herb-bitter. Lavendel sollte vorsichtig dosiert werden. Er passt zu Fisch, Eintöpfen, Kräutersaucen. Beim Grillen können einige Zweiglein in die Glut geworfen werden, wenn man Steak und Lammfleisch grillt.

Lavendel-Melonentatar mit Ziegenkäsemousse

Etwas Besonderes

4 Portionen

Pro Portion: E: 8 g, F: 20 g, Kh: 39 g, kJ: 1553, kcal: 372, BE: 3,5

Für die Mousse:

1 Blatt weiße Gelatine
50 g Schlagsahne
150 g Ziegenfrischkäse
1 TL weißer Balsamico-Essig
1 TL flüssiger Honig
Salz
frisch gemahlener Pfeffer

Für das Melonentatar:

1 Charentais- oder Cantaloupe-Melone
100 ml weißer Balsamico-Essig
4 EL flüssiger Honig
1/2 gestr. TL Salz
1/2 TL Lavendelblüten

4 kleine Frühlingsrollenblätter (aus dem Kühlregal)

etwas Olivenöl
1/2 gestr. TL Meersalz
2 EL grob gehackte Pinienkerne, geröstet
4 Lavendelblüten

Zubereitungszeit: 40 Minuten, ohne Abkühlzeit
Backzeit: 6–7 Minuten

1. Für die Mousse die Gelatine in kaltem Wasser einweichen. Sahne steif schlagen. Ziegenfrischkäse mit Essig verrühren. Honig in einem kleinen Topf erwärmen. Gelatine gut ausdrücken und in dem Honig unter Rühren auflösen.

2. Ziegenfrischkäse unterrühren, mit Salz und Pfeffer abschmecken und leicht abkühlen lassen. Sahne unterheben. Mousse kalt stellen.

3. Für das Tatar die Melone halbieren und entkernen. Melonenhälften schälen, in sehr kleine Würfel schneiden und in eine Schüssel geben. Essig mit Honig und Salz in einem kleinen Topf zum Kochen bringen und um die Hälfte einkochen lassen. Lavendelblüten hinzugeben. Den Topf von der Kochstelle nehmen. Den Sirup erkalten lassen.

4. Den Backofen vorheizen.
Ober-/Unterhitze: etwa 180 °C
Heißluft: etwa 160 °C

5. Den Sirup durch ein Sieb auf die Melonenwürfel passieren (streichen) und mit Pfeffer abschmecken.

6. Die Frühlingsrollenblätter diagonal durchschneiden, sodass 8 Dreiecke entstehen. Mit Olivenöl bestreichen und mit Meersalz bestreuen.

7. Die Teigdreiecke auf einem Backblech (mit Backpapier belegt) verteilen.

8. Das Backblech in den vorgeheizten Backofen schieben. Die Teigdreiecke **in 6–7 Minuten goldgelb und knusprig backen.**

9. Das Melonentatar auf 4 Tellern anrichten. Von der Mousse mit einem Löffel je 1 Nocke abstechen und auf das Tatar legen. 2 Knuspersegelchen (Gebäckdreiecke) anlegen. Mit Pinienkernen und je 1 abgespülten und trocken getupften Lavendelblüte garnieren.

Tipp: Frühlingsrollenblätter lassen sich gut einfrieren und sind aus der Packung einzeln entnehmbar.

Löffelkraut

Löffelkraut gehört zu den Kreuzblütlern. Löffelkraut hat einen angenehmen Duft, es schmeckt kresseartig scharf, leicht salzig. Es sollten nur die unteren, löffelförmigen Blätter verwendet werden. Sie eignen sich auch gut als Zugabe zu Salaten.

Löffelkrautsuppe mit Lachsstückchen und Muscheln

4 Portionen

Raffiniert – für Gäste

Pro Portion: E: 26 g, F: 16 g, Kh: 22 g, kJ: 1400, kcal: 334, BE: 1,5

400 g festkochende Kartoffeln
1 Bund Frühlingszwiebeln (etwa 250 g)
2 große Fleischtomaten (etwa 400 g)
1 Topf Löffelkraut
1 l Fischfond oder -brühe
Salz
frisch gemahlener Pfeffer
Knoblauchpulver

320 g Lachsfilet
200 g Pfahlmuschelfleisch
2 EL Olivenöl

Zubereitungszeit: 20 Minuten
Garzeit: Suppe etwa 30 Minuten

1. Kartoffeln waschen, schälen, abspülen, abtropfen lassen und in kleine Stücke schneiden. Frühlingszwiebeln putzen, abspülen, abtropfen lassen und in dünne Ringe schneiden. Tomaten abspülen, trocken tupfen, vierteln, entkernen und die Stängelansätze herausschneiden. Die Tomatenviertel in kleine Würfel schneiden. Das Löffelkraut abspülen und trocken tupfen. Die Blättchen von den Stängeln zupfen (einige Blättchen zum Garnieren beiseitelegen). Die Blättchen grob zerkleinern.

2. Fischfond oder -brühe in einem großen Topf erhitzen. Die Kartoffelstücke, Frühlingszwiebelringe, Tomatenwürfel und Löffelkraut hinzufügen. Mit Salz, Pfeffer und Knoblauch würzen. Die Zutaten zum Kochen bringen und zugedeckt etwa 30 Minuten garen. Die Löffelkrautsuppe fein pürieren.

3. Lachsfilet und Muschelfleisch kurz unter fließendem kalten Wasser abspülen und trocken tupfen. Mit Salz und Pfeffer würzen. Das Lachsfilet in Scheiben (kleine Medaillons) schneiden.

4. Olivenöl in einer Pfanne erhitzen. Lachsmedaillons und Muschelfleisch darin von beiden Seiten 2–3 Minuten braten.

5. Die Suppe in Tellern anrichten, mit Lachsmedaillons, Muschelfleisch und den beiseitegelegten Löffelkrautblättchen garnieren.

Tipp: Die Suppe kann mit Schlagsahne, Butterflöckchen oder Crème fraîche verfeinert werden.

Löwenzahn

Löwenzahn gehört zu der Familie der Korbblütler. Er schmeckt bitter aromatisch und erfrischend. Kleine, grüne Blätter und gebleichter Löwenzahn eignen sich als vitaminreicher Salat im Frühjahr. Passt zu Quark, Suppen oder Eintöpfen.

Löwenzahn-Spinat-Salat mit Schafkäse und Cocktailtomaten

Schnell

4 Portionen

Pro Portion: E: 11 g, F: 20 g, Kh: 9 g, kJ: 1096, kcal: 261, BE: 0,5

150 g Löwenzahnblätter
150 g junger Blattspinat
200 g Cocktailtomaten

Für die Salatsauce:

2 EL weißer Balsamico- oder Weißweinessig
1 TL mittelscharfer Senf
1 EL flüssiger Honig
4 EL Olivenöl
Salz
frisch gemahlener Pfeffer

200 g Schafkäse

Löwenzahnblütenblätter (von 2 Blüten)

Zubereitungszeit: 15 Minuten

1. Löwenzahn- und Blattspinat gründlich abspülen, abtropfen lassen und trocken tupfen.

2. Tomaten abspülen, trocken tupfen, halbieren und die Stängelansätze entfernen. Den Essig mit Senf und Honig verrühren. Olivenöl unterschlagen. Mit Salz und Pfeffer würzen.

3. Löwenzahnblätter und Blattspinat in eine Schüssel geben, mit der Salatsauce gut vermischen. Den Salat auf 4 Tellern oder einer Platte anrichten.

4. Schafkäse in Würfel schneiden. Den Salat mit den Tomatenhälften und Schafkäsewürfeln garnieren.

5. Löwenzahnblütenblätter gründlich abspülen, trocken tupfen und auf dem Salat verteilen.

Tipps: Die Salatsauce zusätzlich mit 2 Esslöffeln Walnussöl verfeinern. Den Salat mit gebratenen Wachteleiern belegen.

Majoran

Majoran gehört zur Familie der Lippenblütler. Sein leicht brennend-süßlicher Geschmack erinnert ein wenig an Thymian. Majoran verträgt sich gut mit Basilikum und Rosmarin und macht fette Speisen bekömmlicher. Passt gut zu: Suppen, Saucen, Füllungen, Pasteten, Lammfleisch, Hackfleisch, Getreidegerichten, Erbsen- und Bohneneintöpfen, pikanten Salaten, Gemüse, Kartoffeln und Wurstwaren.

Mandelmedaillons mit Brunnenkresse

Etwas Besonderes

4 Portionen

Pro Portion: E: 51 g, F: 40 g, Kh: 4 g, kJ: 2437, kcal: 582, BE: 0,3

800 g Schweinefilet
Salz, frisch gemahlener Pfeffer
1 Ei (Größe M)
75–100 g gehobelte Mandeln
40 g Butterschmalz
1–2 Bund Brunnenkresse

Für die Sauce:

2 Tomaten
1 Gewürzgurke
3 EL Salatmayonnaise
2 EL Crème fraîche

Zubereitungszeit: 25 Minuten, ohne Abkühlzeit
Garzeit: 5–7 Minuten

1. Schweinefilet mit Küchenpapier trocken tupfen, evtl. enthäuten und entsehnen. Schweinefilet in 1 1/2–2 cm dicke Scheiben (Medaillons) schneiden. Mit Salz und Pfeffer würzen.

2. Ei in einem Teller verschlagen. Die Filetscheiben zunächst durch das verschlagene Ei ziehen, am Tellerrand abstreifen, dann in Mandeln wenden. Mandeln gut andrücken.

3. Butterschmalz in einer Pfanne erhitzen. Die Filetscheiben darin 5–7 Minuten von beiden Seiten braten, herausnehmen und auf einem Teller erkalten lassen.

4. Die Kresse putzen, abspülen und trocken tupfen. Eine längliche Platte mit der Kresse auslegen. Die Medaillons darauf anrichten.

5. Für die Sauce Tomaten kreuzweise einschneiden, mit kochendem Wasser übergießen und kurz darin liegen lassen. Tomaten mit kaltem Wasser abschrecken, enthäuten, halbieren und die Stängelansätze herausschneiden. Tomaten in kleine Würfel schneiden. Gurke abtropfen lassen und ebenfalls in kleine Würfel schneiden. Mayonnaise mit Crème fraîche verrühren. Tomaten- und Gurkenwürfel unterrühren. Die Sauce mit Salz und Pfeffer abschmecken, zu den Medaillons reichen.

Mango mit Basilikum in Serrano-Schinken

Fruchtig - schnell

2 Portionen

Pro Portion: E: 8 g, F: 12 g, Kh: 18 g, kJ: 912, kcal: 218, BE: 1,5

1	*Mango, nicht zu reif*
4 Scheiben	*Serrano-Schinken*
8 schöne Blättchen	*Basilikum*
2 EL	*Olivenöl*
	grob gemahlener Pfeffer
1 EL	*frische Rosmarinnadeln*

Außerdem:

8	*Holzstäbchen*

Zubereitungszeit: 10 Minuten

1. Die Mango halbieren und den Stein herauslösen. Die Mangohälften in insgesamt 8 Spalten schneiden. Mangospalten schälen.

2. Schinkenscheiben längs halbieren. Basilikumblättchen abspülen und trocken tupfen.

3. Die Mangospalten zunächst mit jeweils 1 Basilikumblättchen belegen, dann mit 1 halbierten Schinkenscheibe umwickeln. Mit Holzstäbchen feststecken.

4. Olivenöl in einer beschichteten Pfanne erhitzen. Die umwickelten Mangospalten darin von allen Seiten bei mittlerer Hitze goldbraun braten. Etwas grob gemahlenen Pfeffer und Rosmarinnadeln hinzugeben, in dem Olivenöl anrösten. Spalten darin schwenken.

Mango-Minze-Chutney

Gut vorzubereiten
4 Portionen

Pro Portion: E: 0 g, F: 0 g, Kh: 46 g, kJ: 802, kcal: 192, BE: 4,0

1	*reife Mango (etwa 400 g)*
2–3 Zweige	*Minze*
1 Zweig	*Currykraut*
150 g	*Zucker*
100 ml	*Wasser*
1 TL	*rosa Pfefferbeeren*
	frisch gemahlener Koriander
	Salz, frisch gemahlener Pfeffer

Zubereitungszeit: 30 Minuten
Garzeit: etwa 10 Minuten

1. Mango in der Mitte längs durchschneiden und den Stein herausnehmen. Mangohälften schälen und das Fruchtfleisch in große Würfel schneiden.

2. Minzezweige und Currykraut abspülen, trocken tupfen. Die Blättchen von den Stängeln zupfen. Blättchen jeweils klein schneiden.

3. Zucker mit Wasser in einem Topf zum Kochen bringen. Mangowürfel, Minze und Currykraut hinzufügen. Mit Pfefferbeeren, Koriander, Salz und Pfeffer würzen.

4. Die Zutaten zum Kochen bringen. Das Chutney etwa 10 Minuten bei mittlerer Hitze kochen lassen.

5. Die Masse sofort in vorbereitete Gläser füllen, mit Twist-off-Deckeln® verschließen, umdrehen und etwa 5 Minuten auf den Deckeln stehen lassen.

Marinierter Spargel mit Kerbel

Etwas Besonderes

4 Portionen

Pro Portion: E: 4 g, F: 10 g, Kh: 5 g, kJ: 534, kcal: 126, BE: 0,0

1 kg weißer Spargel
Salz
1 TL Butter
1 Prise Zucker

Für die Marinade:

1 rote Zwiebel
1 Bund Kerbel
2 TL Weißweinessig oder Zitronensaft
4 EL Spargelfond
4 EL Olivenöl
½ gestr. TL Salz
frisch gemahlener Pfeffer
½ TL Zucker

Zubereitungszeit: 30 Minuten, ohne Marinierzeit
Garzeit: 8–15 Minuten

1. Den Spargel von oben nach unten schälen. Darauf achten, dass die Schalen vollständig entfernt, die Köpfe aber nicht verletzt werden. Die unteren Enden abschneiden (holzige Stellen vollkommen entfernen). Spargel abspülen und abtropfen lassen.

2. Salzwasser, Butter und Zucker in einem hohen Topf zum Kochen bringen. Den Spargel hinzufügen, zum Kochen bringen und zugedeckt in 8–10 Minuten bissfest oder in 12–15 Minuten weich kochen.

3. Den Spargel in einem Sieb abtropfen lassen, dabei den Spargelfond auffangen und 4 Esslöffel abnehmen. Den Spargel warm stellen.

4. Für die Marinade Zwiebel abziehen und in kleine Würfel schneiden. Kerbel abspülen und trocken tupfen. Die Blättchen von den Stängeln zupfen. Blättchen klein schneiden.

5. Essig oder Zitronensaft mit dem Spargelfond verrühren. Olivenöl unterschlagen. Mit Salz, Pfeffer und Zucker würzen. Zwiebelwürfel und Kerbel unterrühren.

6. Die Marinade auf den warmen Spargelstangen verteilen. Den Spargel etwa 30 Minuten marinieren.

Tipp: Den marinierten Spargel mit frischem Bauernbrot oder kleinen Butterkartoffeln servieren.

Matjes in Dill

Deftig

4 Portionen

Pro Portion: E: 30 g, F: 30 g, Kh: 40 g, kJ: 2345, kcal: 560, BE: 3,0

Für die Marinade:

375 ml (3/8 l) Rotweinessig
150 g Zucker
2 Lorbeerblätter

10 Matjesfilets
150 g rote Zwiebeln
5–6 EL gehackter Dill

Zubereitungszeit: 30 Minuten, ohne Abkühlzeit
Durchziehzeit: etwa 2 Tage

1. Für die Marinade Essig mit Zucker und Lorbeerblättern in einem Topf zum Kochen bringen, unter Rühren so lange kochen lassen, bis der Zucker vollständig gelöst ist.

2. Den Topf von der Kochstelle nehmen. Marinade erkalten lassen.

3. Matjesfilets kurz unter fließendem kalten Wasser abspülen und trocken tupfen.

4. Die Zwiebeln abziehen und in Scheiben schneiden. Die Matjesfilets und Zwiebelscheiben mit Dill abwechselnd in ein gründlich gereinigtes und gespültes Glas schichten, mit der kalten Marinade übergießen.

5. Das Glas verschließen. Matjesfilets kalt gestellt etwa 2 Tage durchziehen lassen und schnell verzehren.

Minze

Alle Minzearten gehören zu den Lippenblütlern. Neben der Pfefferminze und der Zitronenminze gibt es viele weitere Minzarten. Die Blätter schmecken sehr würzig, frisch und kräftig und sollten nur sparsam verwendet werden. Passt zu: Ragouts, Füllungen, Lamm, Wild, Eintöpfen, Hülsenfrüchten, Süßspeisen und Obstsalaten. Die grüne Minze ist vor allem in der angelsächsischen Küche beliebt.

Mittelmeersalat mit Oregano

Vegetarisch
4 Portionen

Pro Portion: E: 10 g, F: 36 g, Kh: 13 g, kJ: 1745, kcal: 417, BE: 0,5

je 170 g schwarze und grüne Oliven, ohne Stein
110 g Kapernäpfel
400 g Zucchini
400 g rote und gelbe Cocktailtomaten
2 Knoblauchzehen
5 Zweige Oregano
4 EL Olivenöl
80 g Pinienkerne
Salz
frisch gemahlener Pfeffer
4 EL Crema di Balsamico

1 roter Chicorée (etwa 100 g)
1 gelber Chicorée (etwa 100 g)
1 Römischer Salat (etwa 300 g)
4 EL Olivenöl

Zubereitungszeit: 40 Minuten

1. Die Oliven und Kapernäpfel in einem Sieb abtropfen lassen. Zucchini abspülen, abtrocknen und die Enden abschneiden. Zucchini in Scheiben schneiden. Tomaten abspülen, trocken tupfen, halbieren und die Stängelansätze entfernen. Knoblauch abziehen und durch eine Knoblauchpresse drücken oder in sehr kleine Würfel schneiden.

2. Oregano abspülen und trocken tupfen. Die Blättchen von den Stängeln zupfen. Die Blättchen klein schneiden.

3. Das Olivenöl in einer großen Pfanne erhitzen. Beide Olivensorten, Kapernäpfel, Zucchinischeiben, Pinienkerne und Tomatenhälften darin unter vorsichtigem Rühren leicht andünsten. Mit Oregano, Salz, Pfeffer, Knoblauch und Crema di Balsamico würzen.

4. Von dem Chicorée und dem Römischen Salat die schlechten Blätter entfernen. Die bitteren Strünke der Chicorées keilförmig herausschneiden. Die Blätter vom Römischen Salat im Wurzelbereich abschneiden. Salatblätter vorsichtig abspülen, trocken tupfen und auf einer Platte anrichten. Angedünstete Salatzutaten darauf verteilen. Mit Olivenöl beträufeln.

Tipps: Dazu geröstetes Knoblauchbrot reichen. Zusätzlich kann geschabter Parmesan- oder Sbrinz-Käse daraufgestreut werden. Leicht welke Salatblätter in kaltes Wasser legen, damit sie evtl. verlorene Feuchtigkeit wieder aufnehmen können.

Obst-Gemüse-Salat mit Zitronenverbene

Fruchtig – etwas Besonderes
4 Portionen

Pro Portion: E: 13 g, F: 31 g, Kh: 62 g, kJ: 2568, kcal: 614, BE: 5,0

je 2	*rote, gelbe und grüne Paprikaschoten (etwa 1,2 kg)*
4	*Möhren (etwa 400 g)*
12–16 Blättchen	*Zitronenverbene*
6 EL	*Olivenöl*
120 g	*Cashewkerne*
2 EL	*Zucker*
	Saft von
je 1	*Orange, Limette und Grapefruit*
4	*Orangen*
4	*Grapefruits*
	Salz
	frisch gemahlener Pfeffer
2 EL	*Himbeer- oder Apfelessig*

Zubereitungszeit: 40 Minuten, ohne Abkühlzeit

1. Paprikaschoten halbieren, entstielen, entkernen und die weißen Scheidewände entfernen. Schotenhälften abspülen, trocken tupfen und in mundgerechte Stücke schneiden. Möhren putzen, schälen, abspülen, abtropfen lassen und in Scheiben schneiden. Verbeneblättchen abspülen und trocken tupfen.

2. Jeweils etwas Olivenöl in einem Topf erhitzen. Die Paprikastücke, Möhrenscheiben, Verbeneblättchen und Cashewkerne darin portionsweise etwa 5 Minuten unter mehrmaligem Wenden andünsten. Mit Zucker bestreuen und karamellisieren.

3. Fruchtsäfte hinzugießen, zum Kochen bringen und zugedeckt weitere etwa 5 Minuten dünsten, erkalten lassen.

4. Orangen und Grapefruits so schälen, dass die weiße Haut vollständig entfernt wird. Die Filets herausschneiden.

5. Gemüse-Cashewkern-Mischung in eine Schüssel geben. Orangen- und Grapefruitfilets unterheben. Den Salat mit Salz, Pfeffer und Essig würzen. Restliches Olivenöl hinzufügen.

Tipps: Der Salat schmeckt sehr gut zu Parmaschinken, gebratenen Garnelen oder Fischfilets. Für Vegetarier den Salat einfach mit verschiedenen Blattsalaten anreichern, z.B. mit Chicorée oder Römischem Salat.

Omeletts mit Schnittknoblauch und Schafkäse

Raffiniert – einfach

2 Portionen

Pro Portion: E: 32 g, F: 48 g, Kh: 1 g, kJ: 2340, kcal: 558, BE: 0,0

4 Eier (Größe M)
Salz
frisch gemahlener Pfeffer
1 kleines Bund Schnittknoblauch
200 g Schafkäse
40 g Butter

Zubereitungszeit: 10 Minuten

1. Eier in einer Rührschüssel verschlagen. Mit Salz und Pfeffer würzen. Schnittknoblauch abspülen, trocken tupfen und in feine Ringe schneiden. Schafkäse in etwa 1 1/2 cm große Würfel schneiden. Schnittknoblauchringe und Schafkäsewürfel unter die verschlagenen Eier rühren.

2. Die Hälfte der Butter in einer Pfanne (Ø 22–24 cm) zerlassen. Die Hälfte der Eiermasse hineingeben und zugedeckt bei schwacher Hitze 4–5 Minuten stocken lassen. Omelett vorsichtig wenden, von der zweiten Seite kurz anbraten, herausnehmen und warm stellen. Das zweite Omelett auf die gleiche Weise zubereiten.

Orangenminze

Orangenminze gehört zur Familie der Lippenblütler. Ihr fehlt der Mentholgeschmack und -geruch der klassischen Minze. Stattdessen riecht und schmeckt sie feinfruchtig nach Bergamotte (wie Earl-Grey-Tee).

Oregano

Oregano gehört zur Familie der Lippenblütler. Er liegt geschmacklich zwischen Thymian und Majoran. Er ist ein typisches Mittelmeergewürz und wird meist miterhitzt oder -gekocht. Oregano hat einen ähnlich angenehm bitteren Geschmack wie Majoran. Passt zu: Nudelgerichten, pikanten Saucen, Pizzen und auch Gemüsegerichten.

Beilage: Knackiger Blattsalat.

Tipp: Die Omeletts können auch mit einem würzigen Käse, z. B. Gruyère- oder Edelschimmel-Käse, zubereitet werden.

Pangasiusfilet auf buntem Gemüse mit Schnittknoblauch-Buttersauce

Mit Alkohol

4 Portionen

Pro Portion: E: 28 g, F: 50 g, Kh: 11 g, kJ: 2610, kcal: 624, BE: 1,0

Für die Buttersauce:

1	*kleine Schalotte oder Zwiebel*
80 ml	*trockener Weißwein*
150 ml	*Fisch- oder Gemüsefond*
1	*kleine, rote Chilischote*
1 Bund	*Schnittknoblauch*
200 g	*Schlagsahne*
100 g	*eiskalte Butter*
	Salz
4	*Pangasiusfilets (je 150–160 g)*
2	*Möhren*
1/2	*Knollensellerie*
1 kleine Stange	*Porree (Lauch)*
200 g	*Zuckerschoten*
4 EL	*Olivenöl*
	frisch gemahlener Pfeffer

Zubereitungszeit: 30 Minuten

1. Für die Sauce Schalotte oder Zwiebel abziehen, in kleine Würfel schneiden. Wein mit den Schalotten- oder Zwiebelwürfeln und dem Fond in einem kleinen Topf zum Kochen bringen und auf ein Viertel einkochen lassen. Chilischote abspülen, trocken tupfen, halbieren und entkernen. Die Schotenhälften in feine Ringe schneiden. Schnittknoblauch abspülen, trocken tupfen und in feine Ringe schneiden.

2. Die eingekochte Sauce mit einem Stabmixer pürieren und durch ein Sieb passieren. Die Sauce wieder zurück in den Topf geben. Sahne hinzugießen, zum Kochen bringen und 3–4 Minuten kochen lassen. Eiskalte Butter in Würfel schneiden und unter die Sauce rühren. Mit Salz würzen. Schnittknoblauch- und Chiliringe unterrühren. Die Sauce warm stellen, aber nicht mehr kochen lassen.

3. Fischfilets kurz unter fließendem kalten Wasser abspülen und trocken tupfen. Möhren und Sellerie putzen, schälen, abspülen, abtropfen lassen, zuerst in dünne Scheiben, danach in sehr dünne Streifen (Julienne) schneiden. Porree putzen, die Stange längs halbieren, gründlich waschen, abtropfen lassen und ebenfalls in sehr dünne Streifen (Julienne) schneiden. Zuckerschoten putzen, evtl. abfädeln, abspülen, abtropfen lassen und längs in sehr dünne Streifen (Julienne) schneiden.

4. Die Hälfte des Olivenöls in einer Pfanne erhitzen. Fischfilets darin von jeder Seite etwa 1 Minute braten. Mit Salz und Pfeffer würzen, herausnehmen und warm stellen.

5. Restliches Olivenöl in der Fischpfanne erhitzen. Die vorbereiteten Gemüsejulienne darin unter mehrmaligem Wenden etwa 2 Minuten dünsten. Mit Salz und Pfeffer würzen. Fischfilets mit Gemüsejulienne und der Buttersauce anrichten.

Beilage: Reis.

Pangasiusfilet mit Löffelkrautschaum

Raffiniert

4 Portionen

Pro Portion: E: 29 g, F: 33 g, Kh: 4 g, kJ: 1801, kcal: 431, BE: 0,2

4 Pangasiusfilets (je etwa 180 g)
Salz, frisch gemahlener Pfeffer
Zitronensaft
1 kleine Salatgurke (etwa 400 g)
2 EL Olivenöl

Für den Löffelkrautschaum:

1 Frühlingszwiebel
1 kleiner Topf Löffelkraut
40 g Butter
400 ml Fischbrühe oder -fond
200 g Schlagsahne
evtl. 1 EL rosa Pfefferbeeren

Zubereitungszeit: 45 Minuten, ohne Durchziehzeit

1. Fischfilets kurz unter fließendem kalten Wasser abspülen und trocken tupfen. Filets mit Salz und Pfeffer bestreuen, mit Zitronensaft beträufeln.

2. Salatgurke abspülen, trocken tupfen und die Enden abschneiden. Die Gurke längs halbieren und die Kerne mit einem Löffel herausschaben. Die Gurkenhälften in etwa 2 cm dicke Stücke schneiden.

3. Olivenöl in einer großen Pfanne erhitzen. Zunächst Fischfilets darin von beiden Seiten anbraten, danach Gurkenstücke hinzufügen und kurz mit andünsten.

4. Die Pangasiusfilets mit den Gurkenstücken in eine feuerfeste Form (gefettet) oder Auflaufform (gefettet) geben und warm halten.

5. Für den Löffelkrautschaum die Frühlingszwiebel putzen, abspülen, abtropfen lassen, in Ringe schneiden. Das Löffelkraut abspülen und trocken tupfen. Die Blättchen von den Stängeln zupfen. Blättchen in Streifen schneiden.

6. Die Butter zum verbliebenen Bratfett in die Pfanne geben und zerlassen. Zwiebelringe und Löffelkrautstreifen darin andünsten.

7. Brühe oder Fond hinzugießen, zum Kochen bringen und um die Hälfte einkochen lassen. Sahne unterrühren. Die Sauce zu einer leicht cremigen Konsistenz einkochen. Anschließend mit einem Pürierstab leicht aufschäumen. Mit Salz, Pfeffer und nach Belieben mit Pfefferbeeren würzen. Den Löffelkrautschaum auf den gebratenen Fischfilets und Gurkenstückchen verteilen.

Beilage: Kleine, gekochte Kartoffeln.

Tipp: Mit einigen Blättchen Löffelkraut und rosa Pfefferbeeren garnieren.

Panzanella mit Rucola

Etwas Besonderes

2 Portionen

Pro Portion: E: 10 g, F: 32 g, Kh: 29 g, kJ: 1894, kcal: 451, BE: 2,0

1	*Bio-Zitrone (unbehandelt, ungewachst)*
2–3 Stängel	*Basilikum*
50 g	*Rucola (Rauke)*
1	*Knoblauchzehe*
5 EL	*Olivenöl*
	Meersalz
	frisch gemahlener, schwarzer Pfeffer
75 g	*Ciabatta*
100 g	*grüne Bohnen*
	Salz
12	*Cocktailtomaten*
½	*rote Paprikaschote*
6–8	*Kalamata-Oliven*
20 g	*Parmesan-Käse*

Zubereitungszeit: 40 Minuten

1. Zitrone heiß abwaschen und abtrocknen. Die Hälfte der Zitronenschale fein abreiben. Die Zitrone halbieren und den Saft auspressen. 3 Esslöffel Saft abmessen und beiseitestellen. Basilikum abspülen und trocken tupfen. Die Blättchen von den Stängeln zupfen. Rucola putzen und die harten Stiele entfernen. Rucola abspülen und abtropfen lassen.

2. Je ein Drittel des Rucolas und der Basilikumblättchen grob zerkleinern. Restlichen Rucola und Basilikumblättchen zugedeckt kalt stellen. Knoblauch abziehen und grob zerkleinern.

3. Den Backofengrill vorheizen.

4. Grob zerkleinerten Rucola und Basilikum mit Knoblauch, 4 Esslöffeln des Olivenöls, 2 Esslöffeln Wasser und Meersalz im Blitzhacker fein pürieren. Zitronenschale und grob gemahlenen Pfeffer untermischen.

5. Ciabatta in sehr dünne Scheiben schneiden. Die Brotscheiben nebeneinander auf ein Backblech legen. Das Backblech unter den vorgeheizten Backofengrill schieben. Die Brotscheiben von beiden Seiten goldbraun rösten.

6. Von den Bohnen die Enden abschneiden, evtl. abfädeln. Bohnen abspülen, abtropfen lassen und in kochendem Salzwasser etwa 8 Minuten garen. Dann in ein Sieb geben und gut abtropfen lassen.

7. Tomaten abspülen, trocken tupfen, halbieren und evtl. die Stängelansätze herausschneiden. Tomatenhälften in kleine Stücke schneiden. Paprikaschotenhälfte entstielen, entkernen und die weißen Scheidewände entfernen. Schotenhälfte abspülen, abtropfen lassen und in dünne Streifen schneiden.

8. Restliches Olivenöl in einer weiten Pfanne erhitzen. Die Paprikastreifen darin etwa 1 Minute bei starker Hitze unter Rühren anbraten. Die Bohnen, Oliven und Tomatenstücke hinzugeben und unter Rühren etwa 1 Minute mitgaren lassen.

9. Beiseitegestellten Zitronensaft unter das Kräuteröl rühren. Kalt gestellte Basilikumblättchen, Rucola, die warme Bohnen-Paprika-Mischung und die gerösteten Brotscheiben locker mit dem Kräuteröl mischen, evtl. nachwürzen.

10. Den Salat in einer Schale anrichten. Parmesan-Käse dünn hobeln. Panzanella damit bestreuen.

Petersilie

Petersilie gehört zur Familie der Doldengewächse. Als Kraut wird die Blattpetersilie verwendet, die es in 2 Sorten im Handel gibt. Die glattblättrige Sorte ist aromatischer als die krausblättrige Form, die besonders zum Garnieren benutzt wird. Sie ist das Universalkraut der Küche schlechthin. Charakteristisch ist der frisch-süßliche, leicht bittere Geruch und Geschmack. Petersilie verträgt sich mit allen anderen Kräutern. Passt zu: fast allen Fleisch- und Fischgerichten, Gemüse, Suppen, Saucen, Salaten, Kartoffeln, Teigwaren, Eintöpfen und Aufläufen.

Pfefferminze

Pfefferminze gehört zur Familie der Lippenblütler. Sie ist eine Tee- und Heilpflanze mit frischem, aromatischem Geschmack, dient in geringen Mengen aber auch zum Würzen von Salaten, Saucen, Obstsalaten, Lammgerichten.

Pfefferminz-Granita

Erfrischend

4–6 Portionen

Pro Portion: E: 0 g, F: 2 g, Kh: 30 g, kJ: 565, kcal: 135, BE: 2,5

2–3 Stängel frische Pfefferminze
500 ml (1/2 l) Wasser
90 g Zucker
1 EL flüssiger Honig, z. B. Lindenblütenhonig
60 g Schoko-Minz-Täfelchen

Zum Garnieren:
1–2 Stängel frische Pfefferminze

Zubereitungszeit: 30 Minuten, ohne Abkühlzeit
Gefrierzeit: 4–5 Stunden

1. Pfefferminzstängel abspülen und abtropfen lassen. Das Wasser mit Zucker in einem Topf verrühren, zum Kochen bringen und einmal kurz aufkochen lassen. Den Topf von der Kochstelle nehmen. Die Pfefferminzstängel etwa 2 Minuten in die Zuckerlösung legen.

2. Anschließend die Stängel wieder herausnehmen. Honig unter die Pfefferminz-Zucker-Lösung rühren und erkalten lassen.

3. Die erkaltete Pfefferminz-Zucker-Lösung in eine gefrierfeste Schüssel füllen, zudecken und in den Gefrierschrank stellen. Die Masse 4–5 Stunden gefrieren lassen. Dabei die Masse alle 30 Minuten kräftig durchrühren.

4. Die Schoko-Minz-Täfelchen etwa 30 Minuten in den Gefrierschrank legen und ebenfalls gefrieren lassen. Schoko-Minz-Täfelchen herausnehmen, in kleine Stücke schneiden und unter die Pfefferminz-Granita rühren.

5. Zum Garnieren Pfefferminzstängel abspülen und trocken tupfen. Die Blättchen von den Stängeln zupfen. Pfefferminz-Granita nach Belieben in Gläser füllen und mit Pfefferminzblättchen garniert servieren.

Pfefferminzlikör

Raffiniert – mit Alkohol

etwa 1 1/2 Liter

Insgesamt: E: 0 g, F: 0 g, Kh: 374 g, kJ: 15968, kcal: 3812, BE: 31,0

250 ml (1/4 l) Wasser
375 g Zucker
10 Tropfen natürliches Pfefferminzöl (aus der Apotheke)
1 Tropfen grüne Speisefarbe
1 l Wodka (40 Vol.-%)
250 ml (1/4 l) abgekochtes, erkaltetes Wasser

Zubereitungszeit: 20 Minuten
Durchziehzeit: 5–7 Tage
Haltbarkeit: gekühlt 2–3 Monate

1. Das Wasser mit Zucker in einem Topf zum Kochen bringen und sirupartig einkochen lassen. Pfefferminzöl und Speisefarbe unterrühren. Wodka mit Wasser hinzugießen und unterrühren.

2. Den Pfefferminzlikör in vorbereitete Flaschen füllen. Flaschen verschließen. Den Pfefferminzlikör 5–7 Tage durchziehen lassen und kalt stellen.

Tipp: Den Likör mit frischen Pfefferminzblättchen am Glasrand servieren.

Pikanter Senfaufstrich mit Kräutern

Gut vorzubereiten
etwa 500 g

Insgesamt: E: 27 g, F: 94 g, Kh: 21 g, kJ: 4313, kcal: 1043, BE: 1,5

300 g Crème fraîche
100 g Magerquark
75 g süßer Senf
je 1 Bund Dill, Kerbel und Petersilie
Salz, frisch gemahlener Pfeffer

Zubereitungszeit: 15 Minuten, ohne Abtropfzeit
Haltbarkeit: im Kühlschrank 3–4 Tage

1. Ein feines Küchensieb mit einem sauberen Geschirrtuch auslegen und in eine Schüssel hängen. Crème fraîche und Quark hineingeben und zugedeckt über Nacht im Kühlschrank abtropfen lassen.

2. Senf und abgetropfte Crème fraîche mit Quark in eine Schüssel geben.

3. Dill, Kerbel und Petersilie abspülen, trocken tupfen. Die Spitzen bzw. Blättchen von den Stängeln zupfen, klein schneiden und unterrühren.

4. Den Senfaufstrich mit Salz und Pfeffer abschmecken, in ein verschließbares Gefäß füllen und in den Kühlschrank stellen.

Beilage: Vollkornbrot, Pumpernickel oder Holzofenbrot.

Tipp: Die bestrichenen Brote zusätzlich mit Räucherlachsscheiben, Roastbeef oder Gurkenscheiben belegen.

Variante: Für einen **scharfen Senfaufstrich** statt süßem Senf mittelscharfen oder scharfen Senf verwenden.

Pilzsalat mit Serrano-Schinken, Nadelböhnchen und Pimpinelle

Für Gäste

4 Portionen

Pro Portion: E: 9 g, F: 26 g, Kh: 7 g, kJ: 1258, kcal: 300, BE: 0,5

8 Scheiben	*Serrano-Schinken*
400 g	*gemischte Pilze, z. B. Pfifferlinge, Champignons, Kräutersaitlinge, Steinpilze*
300 g	*Keniaböhnchen (Nadelböhnchen)*
	Salz
1 gute Handvoll Stängel	*Pimpinelle*

Für die Vinaigrette:

2 EL	*Balsamico-Essig*
1 TL	*flüssiger Honig*
80 ml	*Olivenöl*
2 EL	*Walnussöl*
	frisch gemahlener Pfeffer

Zubereitungszeit: 20 Minuten
Backzeit: 10–15 Minuten

1. Den Backofen vorheizen.
Ober-/Unterhitze: etwa 120 °C
Heißluft: etwa 100 °C

2. Die Schinkenscheiben auf einem Backblech (mit Backpapier belegt) verteilen. Das Backblech in den vorgeheizten Backofen schieben. Schinkenscheiben **10–15 Minuten knusprig braun backen.**

3. Die Schinkenscheiben vom Backblech nehmen und auf Küchenpapier abtropfen lassen. Pilze putzen, mit Küchenpapier abreiben, evtl. kurz abspülen und gut trocken tupfen. Pilze in mundgerechte Stücke schneiden. Von den Keniabohnen die Enden abschneiden, evtl. abfädeln. Bohnen abspülen und in kochendem Salzwasser etwa 5 Minuten blanchieren. Bohnen mit kaltem Wasser abschrecken und in einem Sieb gut abtropfen lassen.

4. Pimpinelle abspülen und trocken tupfen. Die Blättchen von den Stängeln zupfen.

5. Für die Vinaigrette Essig mit Honig verrühren. 60 ml Olivenöl und das Walnussöl unterschlagen. Mit Salz und Pfeffer würzen.

6. Das restliche Olivenöl in einer Pfanne erhitzen. Die Pilzstücke darin 4–5 Minuten bei starker Hitze unter Rühren anbraten. Mit Salz und Pfeffer würzen.

7. Die Pilzstücke, Böhnchen und Pimpernelleblättchen vermischen und auf 4 Tellern oder einer Platte anrichten. Mit der Vinaigrette beträufeln. Schinkenscheiben darauflegen.

Tipps: Statt Serrano-Schinken können Sie auch einen anderen luftgetrockneten Schinken verwenden. Die Schinkenscheiben können auch ungebacken auf den Salat gelegt werden.

Pimpinelle

Pimpinelle oder Pimpernelle gehört zur Familie der Rosengewächse. Es eignen sich nur junge, frische Blätter. Sie schmecken erfrischend nach Gurken, leicht bitter und etwas nach Nüssen. Sie werden nur frisch oder gefroren verwendet. Sie passen zu: Suppen, Saucen, Gemüse- und Fischgerichten, Kräuterbutter, -quark und -essig. Pimpinelle soll nicht mitgekocht werden.

Portulak

Portulak schmeckt säuerlich-würzig und etwas salzig. Wegen seines würzigen Geschmacks werden die Blätter als Gemüse, zu klaren Brühen, Salaten, Saucen und Quark verwendet.

Red-Snapper-Filets mit Mango-Paprika-Salat und Daikonkresse

Etwas Besonderes

4 Portionen

Pro Portion: E: 34 g, F: 10 g, Kh: 22 g, kJ: 1372, kcal: 328, BE: 2,0

1	*reife Mango*
2	*rote Paprikaschoten*
1 walnussgroßes Stück	*frische Ingwerwurzel*
	Saft von
½	*Limette*
2 EL	*Fischsauce*
1 EL	*flüssiger Honig*
2 EL	*Olivenöl*
2 EL	*Sweet Chilisauce*
4	*Red-Snapper-Filets (je 150–160 g)*
2 EL	*Olivenöl*
	Salz
	frisch gemahlener Pfeffer
2 Schalen	*Daikonkresse*

Zubereitungszeit: 20 Minuten
Garzeit: Fischfilets 4–6 Minuten

1. Mango in der Mitte längs durchschneiden und den Stein herausnehmen. Mangohälften schälen und in etwa 1 cm große Würfel schneiden. Paprikaschoten grob schälen, halbieren, entstielen, entkernen und die weißen Scheidewände entfernen. Schotenhälften abspülen, abtropfen lassen und ebenfalls in Würfel schneiden. Ingwer schälen und fein reiben.

2. Mango-, Paprikawürfel und Ingwer in eine Schüssel geben. Limettensaft, Fischsauce, Honig, Olivenöl und Chilisauce untermischen.

3. Die Fischfilets kurz unter fließendem kalten Wasser abspülen und trocken tupfen. Olivenöl in einer großen Pfanne erhitzen. Die Fischfilets mit der Hautseite nach unten in die Pfanne legen und 2–3 Minuten braten, dann wenden und von der zweiten Seite nochmals 2–3 Minuten braten. Fischfilets von beiden Seiten mit Salz und Pfeffer würzen und herausnehmen.

4. Die Kresse abspülen, trocken tupfen, abschneiden. Die Blättchen evtl. etwas kleiner schneiden. Die Red-Snapper-Filets auf Mango-Paprika-Salat anrichten und mit Kresse bestreuen.

Beilage: Rosmarinkartoffeln oder ofenfrisches Baguette und Kräuterdip.

Rindercurry mit Kaffirblättern und Thai-Basilikum

Etwas Besonderes – scharf

4 Portionen

Pro Portion: E: 52 g, F: 33 g, Kh: 25 g, kJ: 2560, kcal: 609, BE: 1,5

150 g	*Zwiebeln*
4	*Knoblauchzehen*
60 g	*frische Ingwerwurzel*
½–1	*rote Chilischote*
1 EL	*Kurkuma (Gelbwurz)*
1 TL	*gemahlener Kreuzkümmel (Cumin)*
2 EL	*Paprikapulver edelsüß*
1 kg	*durchwachsenes Rindergulasch am Stück (Rinderschulter)*
4 EL	*Speiseöl*
	Salz
800 ml	*ungesüßte Kokosmilch*
3	*Kaffirblätter (Limettenblätter)*
evtl. 1–2 TL	*Speisestärke*
1	*Baby-Ananas*
12	*Cocktailtomaten*
4 Stängel	*Thai-Basilikum*

Zubereitungszeit: 45 Minuten, ohne Marinierzeit
Garzeit: 92–93 Minuten

1. Zwiebeln und Knoblauch abziehen, jeweils grob zerkleinern. Ingwer schälen und fein reiben. Chilischote abspülen, gut trocken tupfen, entstielen und mit den Kernen grob hacken.

2. Zwiebeln, Knoblauch, Ingwer und Chili in einen Blitzhacker geben. Mit Kurkuma, Kreuzkümmel und Paprika fein hacken (nicht pürieren).

3. Das Rindfleisch mit Küchenpapier trocken tupfen, in etwa 20 g schwere Stücke schneiden und in eine flache Schale geben. Die Gewürzmischung gut untermischen. Die Fleischstücke zugedeckt über Nacht im Kühlschrank marinieren.

4. Speiseöl in einem weiten Topf erhitzen. Die marinierten Fleischstücke mit Salz würzen und in dem

erhitzten Speiseöl von allen Seiten bei starker Hitze anbraten. Kokosmilch und abgespülte, trocken getupfte Kaffirblätter hinzugeben. Die Zutaten zum Kochen bringen. Die Fleischstücke zugedeckt etwa 90 Minuten bei schwacher Hitze leicht kochen lassen.

5. Nach Belieben Speisestärke mit etwas Wasser anrühren, in das Rindercurry rühren und unter Rühren kurz aufkochen lassen.

6. Von der Ananas Blatt- und Strunkende entfernen. Ananas dick schälen, der Länge nach halbieren und den harten Mittelstrunk herausschneiden. Ananas in dünne Scheiben schneiden. Tomaten abspülen, trocken tupfen und die Stängelansätze entfernen.

7. Ananasscheiben und Tomaten in das Rindercurry geben, noch 2–3 Minuten mitkochen lassen.

8. Basilikum abspülen und trocken tupfen. Die Blättchen von den Stängeln zupfen. Basilikumblättchen in das Rindercurry geben.

Rinderkoteletts mit Rosmarin

Einfach – raffiniert

2 Portionen

Pro Portion: E: 61 g, F: 34 g, Kh: 0 g, kJ: 2294, kcal: 549, BE: 0,0

2	*doppelte Rinderkoteletts (mit Knochen, je etwa 400 g)*
2–3 EL	*Olivenöl*
	Salz
	frisch gestoßener oder frisch gemahlener Pfeffer
5	*Knoblauchzehen*
3 Zweige	*Rosmarin*

Zubereitungszeit: 20 Minuten, ohne Ruhezeit
Garzeit: 15–18 Minuten

1. Den Backofen vorheizen.
Ober-/Unterhitze: etwa 200 °C
Heißluft: etwa 180 °C

2. Die Koteletts kurz unter fließendem kalten Wasser abspülen und trocken tupfen. Den Fettrand jeweils 3–4-mal mit einem scharfen Messer einschneiden.

3. Das Olivenöl in einer schweren, feuerfesten Pfanne erhitzen. Rinderkoteletts darin 2–3 Minuten von beiden Seiten goldbraun anbraten. Mit Salz und Pfeffer würzen.

4. Die Knoblauchzehen hinzugeben (sie müssen nicht abgezogen, sondern nur angedrückt werden).

5. Rosmarin abspülen, trocken tupfen und zu den Koteletts in die Pfanne geben.

6. Die Pfanne auf dem Rost in den vorgeheizten Backofen schieben. Die Rinderkoteletts **13–15 Minuten garen.**

7. Die Pfanne aus dem Backofen nehmen. Die Koteletts herausnehmen, in Alufolie wickeln und 5–10 Minuten ruhen lassen – so kann sich das Fleisch entspannen, läuft beim Anschneiden nicht aus und bleibt schön saftig und zart.

Tipps: Als Beilage einfach einige gekochte Kartoffeln mit in die Pfanne geben und mitbacken lassen. Eine ordentliche Portion Salat verleiht dem Kotelett dann noch einen „gesunden" Charakter. Kräuterbutter oder Limetten-Chili-Butter dazureichen. Wer keine feuerfeste Pfanne besitzt, kann die angebratenen Koteletts in eine Fettpfanne legen und in den vorgeheizten Backofen schieben.

Ringelblume

Die Blütenblätter der Ringelblume eignen sich als dekorative Zutat zu Salaten oder Kräuterbutter und zum Färben von Reis und Getränken.

Ringelblumenpesto

Schnell

ergibt 350–400 ml

Insgesamt: E: 18 g, F: 229 g, Kh: 17 g, kJ: 9082, kcal: 2169, BE: 1,5

1	*Knoblauchzehe*
	Blütenblätter von
15–20	*Ringelblumen*
3 EL	*geröstete Cashewkerne*
	Saft von
1/2	*Zitrone*
200 ml	*Olivenöl*
30 g	*frisch geriebener Parmesan-Käse*
	Salz
	frisch gemahlener Pfeffer
1 Prise	*Zucker*

Zubereitungszeit: 10 Minuten

1. Knoblauch abziehen und durch eine Knoblauchpresse drücken. Die Ringelblütenblätter vorsichtig abspülen und trocken tupfen. Knoblauch, Blütenblätter, Cashewkerne, Zitronensaft und Olivenöl in einen hohen Rührbecher geben und mit einem Stabmixer fein pürieren.

2. Parmesan-Käse unterheben (nicht mehr pürieren). Pesto mit Salz, Pfeffer und Zucker abschmecken. Falls das Pesto nicht die gewünschte Konsistenz hat, noch etwas Olivenöl unterrühren.

Tipp: Ringelblumenpesto passt sehr gut zu Fisch und grünen Nudeln.

Roastbeef in Estragon-Rotwein-Sauce

Für Gäste – mit Alkohol

4 Portionen

Pro Portion: E: 47 g, F: 14 g, Kh: 6 g, kJ: 1558, kcal: 372, BE: 0,2

400 g	*Staudensellerie (etwa 400 g)*
2	*rote Zwiebeln*
3	*Knoblauchzehen*
1 Bund	*Estragon*
800 g	*Roastbeef*
	Salz, frisch gemahlener Pfeffer
1 EL	*Estragon-Senf oder mittelscharfer Senf oder Kräutersenf*
2 EL	*Speiseöl*
1 TL	*Zucker*
200 ml	*Rotwein, z. B. Merlot*
200 ml	*Rinderfond, -brühe oder Bratenfond*

Zubereitungszeit: 45 Minuten
Garzeit: etwa 50 Minuten

1. Sellerie putzen und die harten Außenfäden abziehen. Sellerie abspülen, abtropfen lassen und in etwa 3 cm lange Stücke schneiden. Zwiebeln und Knoblauch abziehen. Zwiebeln vierteln und den Knoblauch halbieren. Estragon abspülen und trocken tupfen. Die Blättchen von den Stängeln zupfen.

2. Den Backofen vorheizen.
Ober-/Unterhitze: etwa 160 °C
Heißluft: etwa 140 °C

3. Roastbeef mit Küchenpapier trocken tupfen. Mit Salz und Pfeffer würzen, mit Senf bestreichen.

4. Speiseöl in einem Bräter erhitzen. Roastbeef darin etwa 10 Minuten von allen Seiten anbraten.

5. Selleriestücke, Zwiebelviertel und Knoblauchhälften hinzugeben, etwa 10 Minuten mitbraten lassen. Den Bräter auf dem Rost in den vorgeheizten Backofen schieben. Roastbeef **etwa 30 Minuten garen.**

6. Den Bräter aus dem Backofen nehmen. Den Backofen auf etwa 80 °C herunterschalten.

7. Roastbeef aus dem Bräter nehmen, auf eine vorgewärmte Platte legen und auf dem Rost in den Backofen schieben. Roastbeef warm halten.

8. Das Gemüse in dem Bräter mit Zucker bestreuen und auf der Kochstelle karamellisieren.

9. Mit Rotwein und Fond ablöschen, Estragonblättchen hinzugeben. Mit Salz und Pfeffer würzen. Die Sauce zum Kochen bringen und etwa 5 Minuten bei mittlerer Hitze einkochen lassen.

Tipp: Nach Belieben kann die Sauce mit einem Saucenbinder angedickt werden.

Rosmarin

Rosmarin gehört zur Familie der Lippenblütler. Es werden die nadelartigen Blätter verwendet, die einen süßlich-kampferartigen Geruch und einen bitter-aromatischen Geschmack haben. Er ist sehr intensiv, deshalb werden nur geringe Mengen benötigt. Rosmarin wird mitgegart. Passt zu: Lammfleisch, Braten, Geflügel, Fisch, Wild, Kartoffeln, Getreide- und Hülsenfruchtgerichten, würzigen Saucen, Pilzen, Zucchini, Auberginen.

Roter Frischkäse-Pesto-Aufstrich mit Basilikum

Beliebt – schnell

etwa 500 g

Insgesamt: E: 46 g, F: 142 g, Kh: 24 g, kJ: 6480, kcal: 1558, BE: 1,5

30 g Pinienkerne
50 g getrocknete Tomaten, in Öl
½ Bund Basilikum
200 g Doppelrahm-Frischkäse
200 g Ziegen-Frischkäse, z. B. Chavroux
etwa 50 g rotes Pesto (aus dem Glas)
Salz, frisch gemahlener Pfeffer

Zubereitungszeit: 30 Minuten, ohne Abkühlzeit
Haltbarkeit: im Kühlschrank 3–4 Tage

1. Pinienkerne in einer Pfanne ohne Fett unter Rühren goldbraun rösten, herausnehmen und auf einem Teller erkalten lassen.

2. Die Tomaten in einem Sieb abtropfen lassen und in kleine Stücke schneiden.

3. Basilikum abspülen und trocken tupfen. Die Blättchen von den Stängeln zupfen. Die Blättchen in feine Streifen schneiden. Pinienkerne fein hacken.

4. Beide Frischkäsesorten mit dem Pesto glatt rühren. Die Pinienkerne, Tomatenstücke und Basilikumstreifen unterrühren. Mit Salz und Pfeffer würzen.

5. Frischkäse-Pesto-Aufstrich in ein verschließbares Gefäß füllen und in den Kühlschrank stellen.

Beilage: Ofenfrisches Baguette.

Tipp: Servieren Sie den Frischkäse-Pesto-Aufstrich mit Pinienkernen bestreut.

Rucola

Rucola gehört zur Familie der Kreuzblütler. Rucola wird nur frisch verwendet. Er hat einen senfartigen und leicht scharfen Geschmack.

Rucola-Nuss-Aufstrich

Vegetarisch
etwa 375 g

Insgesamt: E: 31 g, F: 106 g, Kh: 12 g, kJ: 4659, kcal: 1113, BE: 1,0

125 g	*Rucola (Rauke)*
2 EL	*Olivenöl*
200 g	*Doppelrahm-Frischkäse*
	Salz, frisch gemahlener Pfeffer
1 Prise	*Zucker*
1 EL	*geröstete, gehackte Walnusskerne*
1 EL	*frisch geriebener Parmesan-Käse*
1–2 EL	*schwarze Oliven*

Zubereitungszeit: 10 Minuten
Haltbarkeit: im Kühlschrank 2–3 Tage

1. Rucola verlesen und die dicken Stiele abschneiden. Rucola abspülen, gut abtropfen lassen oder trocken schleudern und etwas kleiner zupfen.

2. Rucola mit Olivenöl in einem Mixer oder Universalzerkleinerer zu einer Paste verarbeiten. Die Paste mit Frischkäse verrühren, mit Salz, Pfeffer und Zucker abschmecken. Walnusskerne und Parmesan-Käse unterrühren.

3. Oliven abtropfen lassen, entsteinen, grob hacken und ebenfalls unterrühren. Den Aufstrich in ein verschließbares Gefäß füllen und in den Kühlschrank stellen.

Beilage: Mehrkorn- oder Roggenmischbrot, Stangenweißbrot oder Bagels.

Tipps: Die Brotscheiben in einer Pfanne in erhitztem Olivenöl von beiden Seiten anrösten und mit einer abgezogenen Knoblauchzehe einreiben. Zum Servieren den Aufstrich mit Rucola und Nusskernen garnieren. Kleine frische Tomatenwürfel unter den Aufstrich mischen.

Rucolapesto mit Parmaschinkenröllchen und Basilikum

Gut vorzubereiten – für die Party

4 Portionen

Pro Portion: E: 19 g, F: 40 g, Kh: 18 g, kJ: 2113, kcal: 504, BE: 1,5

Für das Pesto:

100 g Rucola (Rauke)
30 g Pinienkerne
20 g frisch geriebener Parmesan-Käse
125 ml (1/8 l) Olivenöl
Salz
frisch gemahlener Pfeffer

Für die Parmaschinkenröllchen:

1 Stange Porree (Lauch, etwa 300 g)
4 große, festkochende Kartoffeln
12 Scheiben Parmaschinken (etwa 250 g)

Zum Garnieren:

1 Topf Basilikum

Zubereitungszeit: 35 Minuten, ohne Abkühl- und Durchziehzeit
Garzeit: 10–15 Minuten

1. Für das Pesto Rucola putzen und die harten Stiele abschneiden. Rucola abspülen, abtropfen lassen und in einen hohen Rührbecher geben.

2. Pinienkerne hinzufügen und mit einem Stabmixer pürieren. Parmesan-Käse und Olivenöl unterrühren. Mit etwas Salz und Pfeffer würzen.

3. Für die Röllchen Porree putzen, die Stange längs halbieren, gründlich waschen, abtropfen lassen und in 5–7 cm lange Stücke schneiden.

4. Kartoffeln waschen, schälen, abspülen, abtropfen lassen und in 5–7 cm lange Stifte schneiden.

5. Kartoffelstifte in kochendem Salzwasser 10–15 Minuten garen. Anschließend in ein Sieb geben, abtropfen und abkühlen lassen.

6. Die Kartoffelstifte und Porreestücke in eine flache Schale legen, mit Pesto beträufeln, zugedeckt und kalt gestellt etwa 1 Stunde durchziehen lassen.

7. Schinkenscheiben auf einer Arbeitsfläche ausbreiten. Jeweils einige Kartoffelstifte und Porreestücke darauf verteilen, aufrollen und mit Pfeffer bestreuen.

8. Zum Garnieren Basilikum abspülen und trocken tupfen. Die Blättchen von den Stängeln zupfen. Die Parmaschinkenröllchen auf einer Platte anrichten und mit Basilikumblättchen garniert servieren. Restliches Pesto dazureichen.

Tipp: Anstelle des Parmaschinkens kann auch San Daniele, Serrano- oder ein milder Westfälischer Schinken verwendet werden.

Rührei mit Gambas und Koriander

Für Gäste

2 Portionen

Pro Portion: E: 31 g, F: 40 g, Kh: 3 g, kJ: 2065, kcal: 494, BE: 0,5

5	*Gambas (ohne Kopf und Schale) oder TK-Gambas*
1 EL	*frische Korianderblättchen*
5	*Eier (Größe M)*
4 EL	*Schlagsahne oder Crème fraîche*
	Salz, frisch gemahlener Pfeffer
30 g	*Butter*
einige	*Korianderblättchen*

Zubereitungszeit: 10 Minuten

1. Die Gambas kurz unter fließendem kalten Wasser abspülen und in einem Sieb gut abtropfen lassen. Die Gambas halbieren und entdarmen (TK-Gambas nach Packungsanleitung auftauen lassen, abspülen und gut abtropfen lassen).

2. Korianderblättchen abspülen, trocken tupfen und klein schneiden. Eier mit Sahne oder Crème fraîche und Koriander in eine Schüssel geben und mit einem Schneebesen verschlagen. Kräftig mit Salz und Pfeffer würzen. Gambas hinzugeben.

3. Die Butter in einer Pfanne zerlassen. Die Eiersahne-Gambas-Mischung bei mittlerer Hitze unter gelegentlichem Rühren so lange braten, bis die Masse zu stocken beginnt. Rührei auf Tellern mit abgespülten und trocken getupften Korianderblättchen anrichten.

Russischer Quark-Dip mit Dill

Mit Alkohol

etwa 850 g

Insgesamt: E: 60 g, F: 59 g, Kh: 25 g, kJ: 4259, kcal: 1018, BE: 1,5

300 g	*Salzgurken (aus dem Glas)*
500 g	*Sahnequark*
4 TL	*scharfer Senf*
4–5 EL	*Wodka*
	Salz
	frisch gemahlener Pfeffer
	Zucker
2 EL	*Schnittlauchröllchen*
2 EL	*fein gehackter Dill*

Zubereitungszeit: 25 Minuten

1. Gurken in einem Sieb abtropfen lassen, dabei die Gurkenflüssigkeit auffangen. Gurken in kleine Würfel schneiden.

2. Quark mit Senf, Wodka und so viel Gurkenflüssigkeit verrühren, dass eine cremige Masse entsteht. Mit Salz, Pfeffer und Zucker würzen.

3. Gurkenwürfel, Schnittlauchröllchen und Dill unter die Quarkcreme rühren.

Tipp: Russischer Quark-Dip zu Räucherfisch, gekochtem Fleisch, gekochten Eiern oder Pellkartoffeln reichen.

Sahneeis mit Tannenhonig und Thymian

Erfrischend

4 Portionen

Pro Portion: E: 14 g, F: 57 g, Kh: 33 g, kJ: 2921, kcal: 698, BE: 2,5

2 EL	*frische Thymianspitzen (nach Möglichkeit frisch getriebene Spitzen)*
8	*Eigelb (Größe M)*
500 ml (1/2 l)	*Milch*
500 g	*Schlagsahne*
6 EL	*flüssiger Tannenhonig*

Zubereitungszeit: 25 Minuten, ohne Gefrierzeit

1. Thymian abspülen und trocken tupfen. Eigelb mit Milch, Sahne, Honig und Thymian in einer Edelstahlschüssel verschlagen. Die Zutaten im heißen Wasserbad (85–90 °C) mit einem Schneebesen etwa 5 Minuten zu einer dick-schaumigen Masse aufschlagen.

2. Die Eigelbmasse unter Rühren etwas abkühlen lassen, in den Rührbecher einer Eismaschine geben und etwa 45 Minuten unter Rühren frosten lassen.

3. Oder den Topf mit der Eigelbmasse in den Gefrierschrank stellen und alle 15 Minuten umrühren, bis die Masse cremig geworden ist. Eis etwa 2 Stunden gefrieren lassen.

Beilage: Karamellisierte Rhabarberscheiben oder frische Beerenfrüchte, z. B. Himbeeren, Brombeeren, Heidelbeeren.

Tipp: Anstelle von frischen Thymianspitzen können Sie auch sehr gut Zitronenthymian oder Lavendelblüten verwenden.

Salat von frischen Wildkräutern

Für Gäste

4 Portionen

Pro Portion: E: 7 g, F: 24 g, Kh: 10 g, kJ: 1191, kcal: 285, BE: 0,3

200 g	*Rucola (Rauke)*
2	*Kopfsalate (etwa 300 g, nur die gelblich-grünen Herzen)*
100 g	*weiß blühende Vogelmiere*
1 Bund	*Wasserkresse (etwa 200 g)*
1 Bund	*Kapuzinerkresse (etwa 50 g)*
100 g	*Taubnessel*
500 g	*weißer oder grüner Spargel*
	Salz
2–3	*Cocktailtomaten*

Für die Salatsauce:

2	*Knoblauchzehen*
1 Bund	*Kerbel*
5 EL	*weißer Balsamico-Essig*
	frisch gemahlener, bunter Pfeffer
8–10 EL	*Olivenöl*
1 Pck.	*gemischte Kräuterblüten, z. B. Stiefmütterchen, Gänseblumen und Kapuzinerkresse*

Zubereitungszeit: 60 Minuten, ohne Durchziehzeit

1. Rucola und Kopfsalat putzen. Von den Kopfsalaten die äußeren Blätter entfernen. Salate abspülen, trocken tupfen und grob zerkleinern. Vogelmiere, Kresse und Taubnessel putzen (bei der Vogelmiere zusätzlich die Fäden an den Stängeln entfernen), abspülen, trocken tupfen und ebenfalls grob zerkleinern.

2. Den weißen Spargel von oben nach unten schälen. Darauf achten, dass die Schalen vollständig entfernt, die Köpfe aber nicht verletzt werden. Die unteren Enden abschneiden (holzige Stellen vollkommen entfernen). Oder von dem grünen Spargel das untere Drittel schälen und die unteren Enden abschneiden.

3. Spargelstangen in mundgerechte Stücke schneiden, abspülen, abtropfen lassen und in kochendem

Salzwasser 8–10 Minuten garen. Spargelstücke in einem Sieb abtropfen lassen. Tomaten abspülen, abtrocknen, halbieren und evtl. die Stängelansätze entfernen.

4. Für die Sauce Knoblauch abziehen, in kleine Würfel schneiden oder durch eine Knoblauchpresse drücken. Kerbel abspülen und trocken tupfen. Die Blättchen von den Stängeln zupfen. Blättchen grob zerschneiden (etwas Kerbel zum Garnieren beiseitelegen).

5. Essig mit Knoblauch, Salz und Pfeffer verrühren, Olivenöl unterschlagen. Die Marinade mit den vorbereiteten Salatzutaten mischen und einige Minuten durchziehen lassen. Salat nochmals mischen und anrichten.

6. Kräuterblüten vorsichtig abspülen und trocken tupfen. Den Salat mit Kräuterblüten und dem beiseitegelegten Kerbel garnieren.

Tipp: Der Salat kann zusätzlich mit einem gebratenen Hähnchenbrustfilet oder Fischfilet, z. B. Kabeljau- oder Pangasiusfilet, angereichert werden.

Salbei

Salbei gehört zu den Lippenblütlern. Es gibt fast 1000 verschiedene Arten, von denen viele als Küchen- und Heilkräuter genutzt werden. Salbei schmeckt würzig und leicht bitter. Er sollte nur sparsam verwendet werden. Passt zu: Fisch, Schweinefleisch, italienischen Gerichten, Lamm, Geflügel, Getreidegerichten, Teigwaren, Reis und Tomaten.

Salbeihähnchen

Etwas Besonderes

3 Portionen

Pro Portion: E: 37 g, F: 37 g, Kh: 4 g, kJ: 2145, kcal: 513, BE: 0,0

4	*Hähnchenbrüste (mit Haut, 500–600 g)*
2	*Bio-Zitronen (unbehandelt, ungewachst)*
4–6	*Chilischoten (je nach gewünschter Schärfe)*
12 Blättchen	*Salbei*
6 EL	*Olivenöl*
	Salz
	frisch gemahlener Pfeffer
	evtl. einige Spalten von
1	*Bio-Zitrone (unbehandelt, ungewachst)*

Zubereitungszeit: 45 Minuten, ohne Marinierzeit
Garzeit: mindestens 20 Minuten

1. Die Hähnchenbrüste von Fett und Sehnen befreien. Hähnchenbrüste kurz unter fließendem kalten Wasser abspülen, trocken tupfen und in eine flache Schale legen.

2. Die Zitronen heiß abwaschen, abtrocknen und die Schale abreiben. Zitronen halbieren und jeweils den Saft auspressen. Chilischoten halbieren, entstielen und entkernen. Schotenhälften abspülen, trocken tupfen und in sehr kleine Würfel schneiden.

3. Salbeiblättchen abspülen, trocken tupfen und klein schneiden (etwas Salbei zum Garnieren beiseitelegen).

4. Zitronensaft mit -schale, Chiliwürfeln und Salbei verrühren. 3 Esslöffel des Olivenöls unterschlagen.

5. Die Marinade auf den Hähnchenbrüsten verteilen und im Kühlschrank 1–2 Stunden unter mehrmaligem Wenden marinieren.

6. Den Backofen vorheizen.
Ober-/Unterhitze: etwa 95 °C
Heißluft: etwa 75 °C

7. Die Hähnchenbrüste aus der Marinade nehmen und mit Küchenpapier etwas trocken tupfen.

8. Das restliche Olivenöl in einem Bräter oder einer feuerfesten Pfanne erhitzen. Hähnchenbrüste darin von allen Seiten goldgelb anbraten und mit Salz und Pfeffer würzen. Die Marinade auf den angebratenen Hähnchenbrüsten verteilen.

9. Den Bräter oder die Pfanne auf dem Rost in den vorgeheizten Backofen schieben. Die Hähnchenbrüste **mindestens 20 Minuten garen** (eine längere Garzeit macht hier das Fleisch noch zarter, ohne es auszutrocknen).

10. Die Hähnchenbrüste aus dem Bräter oder der Pfanne nehmen und in Scheiben schneiden. Das Fleisch auf einen vorgewärmten Teller legen und mit dem Bratenfond aus dem Bräter oder der Pfanne anrichten.

11. Das Fleisch mit dem beiseitegelegten Salbei und nach Belieben mit Zitronenspalten garnieren.

Beilage: Ofenfrisches Baguette, gebratene Kartoffeln oder Gnocchi.

Tipp: Dazu schmeckt ein knackiger Tomatensalat mit Oliven, den man während der Garzeit zubereitet.

Salicorne

Salicorne ist auch unter dem Namen Queller oder Passepiere bekannt. Er gehört zu den Fuchsschwanz-Gewächsen und wächst auf Wattböden am Meer. Er ist wohlschmeckend, aber auch salzig. Salicorne wird blanchiert, kurz gebraten oder roh verzehrt. Er passt zu Salat, Fisch und Meeresfrüchten.

Salicorne als Gemüse mit Petersilie

Schnell – exotisch
4 Portionen

Pro Portion: E: 5 g, F: 7 g, Kh: 2 g, kJ: 376, kcal: 90, BE: 0,0

400 g Salicorne
2 Schalotten oder
1 kleine Zwiebel
1 Bund Petersilie
30 g Butter
frisch gemahlener Pfeffer

Zubereitungszeit: 10 Minuten

1. Salicorne putzen, unter fließendem kalten Wasser abspülen, abtropfen lassen und in kochendem Wasser etwa 10 Sekunden blanchieren. Salicorne mit einer Schaumkelle herausnehmen und sofort in Eiswasser abschrecken. Salicorne in einem Sieb abtropfen lassen.

2. Die Schalotten oder Zwiebel abziehen und in sehr kleine Würfel schneiden. Petersilie abspülen und trocken tupfen. Die Blättchen von den Stängeln zupfen. Blättchen klein schneiden.

3. Butter in einer Pfanne zerlassen. Schalotten- oder Zwiebelwürfel darin kurz andünsten. Salicorne und Petersilie hinzugeben, kurz durchschwenken. Mit Pfeffer abschmecken.

Tipps: Salicorne soll nicht gesalzen werden, da er einen zarten Meersalzgeschmack hat. Zu gebratenem Fisch servieren oder einen Teil des blanchierten Salicorne mit in eine Buttersauce mixen.

Sauerampfer

Sauerampfer gehört zu den Knöterichgewächsen, schmeckt frisch-säuerlich. Sauerampfer wird als Gemüse oder Mus zubereitet, ist eine Beilage zu Fisch. Man verwendet die Blätter fein gehackt zum Würzen von Suppen, Salaten, Fischgerichten, hellen Fleischgerichten.

Schafkäse-Bärlauch-Aufstrich

Schnell

etwa 550 g

Insgesamt: E: 38 g, F: 193 g, Kh: 12 g, kJ: 8012, kcal: 1925, BE: 0,5

1 Bund Bärlauch (etwa 100 g)
150 g Schafkäse
200 g Doppelrahm-Frischkäse
100 ml Olivenöl
2 EL Milch
Salz

Zubereitungszeit: 20 Minuten
Haltbarkeit: gekühlt 3–4 Tage

1. Bärlauch verlesen und evtl. dickere Stiele entfernen. Bärlauch abspülen, abtropfen lassen und fein schneiden bzw. mit einem Zerkleinerer fein hacken.

2. Den Schafkäse in kleine Stücke schneiden, mit Frischkäse, Olivenöl und Milch verrühren. Bärlauch unterrühren. Die Zutaten pürieren, evtl. mit Salz abschmecken.

3. Den Aufstrich in 2 gründlich gereinigte, gespülte und getrocknete Gläser füllen, mit einem Deckel fest verschließen und kalt stellen.

Beilage: Haferflocken-Vollkornbrot.

Tipp: Eine halbe, gewürfelte Paprikaschote zum Garnieren bereitlegen.

Scharfe Meerrettich-Gnocchi mit Rucola

Raffiniert

2 Portionen

Pro Portion: E: 22 g, F: 22 g, Kh: 108 g, kJ: 3067, kcal: 733, BE: 9,0

500 g	*mehligkochende Kartoffeln*
	Salz
1	*Ei (Größe S)*
125 g	*Weizenmehl*
25 g	*Hartweizengrieß*
25 g	*fein geriebene Meerrettichwurzel*
5	*Wacholderbeeren*
40 g	*Rucola (Rauke)*
2 Scheiben	*Schwarzwälder Schinken*
30 g	*Butter*
20 g	*Pinienkerne*
2 EL	*flüssiger Honig*

Zubereitungszeit: 90 Minuten
Garzeit: Gnocchi 2–3 Minuten

1. Kartoffeln unter fließendem kalten Wasser gründlich abbürsten. Kartoffeln knapp mit Salzwasser bedeckt zum Kochen bringen und in etwa 25 Minuten weich kochen. Kartoffeln abgießen, abdämpfen und heiß pellen. Kartoffeln durch eine Kartoffelpresse in eine Rührschüssel drücken.

2. Ei, Mehl, Grieß und 15 g des geriebenen Meerrettichs hinzugeben. Die Zutaten rasch verkneten, dabei mit Salz würzen.

3. Den Teig auf einer leicht bemehlten Arbeitsfläche zu Rollen formen. Die Teigrollen in etwa 2 cm breite Scheiben schneiden. Die einzelnen Teigscheiben mit der Gabelspitze eindrücken. Gnocchi auf ein bemehltes Brett legen.

4. Wacholderbeeren fein zerstoßen. Rucola putzen und die dicken Stiele abschneiden. Rucola abspülen, gut abtropfen lassen und grob zerschneiden. Schinken in kleine Stücke schneiden.

5. Salzwasser in einem Topf zum Kochen bringen. Die Gnocchi hinzugeben und in 2–3 Minuten gar ziehen lassen, bis sie an der Oberfläche schwimmen. Die Gnocchi mit einem Schaumlöffel herausnehmen und gut abtropfen lassen.

6. Butter in einer Pfanne zerlassen. Die Pinienkerne darin unter Wenden rösten. Die Schinkenstücke und zerdrückte Wacholderbeeren darin kurz schwenken. Rucola hinzugeben und zusammenfallen lassen. Den Honig unterrühren. Mit etwas Salz würzen.

7. Die Gnocchi in eine Schüssel geben. Mit der Honig-Wacholder-Butter beträufeln und mit dem restlichen Meerrettich bestreuen.

Schaumsüppchen von Kresse und Kartoffeln

Für Gäste

4 Portionen

Pro Portion: E: 21 g, F: 19 g, Kh: 17 g, kJ: 1360, kcal: 325, BE: 1,0

400 g mehligkochende Kartoffeln
2 Schalotten
1 großes Bund Wasserkresse (Brunnenkresse)
1 kleine oder ½ Stange Porree (Lauch)
1 l Gemüsebrühe oder -fond
Salz
frisch gemahlener Pfeffer
200 g Schlagsahne

8 kleine Rotbarbenmedaillons (je etwa 40 g)
etwas Limettensaft
2 EL Olivenöl

etwas Wasserkresse (Brunnenkresse)
einige Kapuzinerkresse-Blüten

Zubereitungszeit: 30 Minuten
Garzeit: etwa 40 Minuten

1. Kartoffeln waschen, schälen, abspülen, abtropfen lassen und in Stücke schneiden. Schalotten abziehen und kleine Würfel schneiden.

2. Kresse abspülen, trocken tupfen und klein schneiden. Porree putzen, gründlich waschen, abtropfen lassen und in Streifen schneiden.

3. Brühe oder Fond in einem Topf zum Kochen bringen. Vorbereitete Zutaten hinzufügen, wieder zum Kochen bringen und zugedeckt etwa 40 Minuten garen. Mit Salz und Pfeffer würzen.

4. Anschließend mit einem Pürierstab zerkleinern und schaumig aufschlagen. Sahne unterrühren. Das Schaumsüppchen nochmals erhitzen. Mit Salz und Pfeffer abschmecken.

5. Rotbarbenmedaillons kurz unter fließendem kalten Wasser abspülen und trocken tupfen. Mit Salz und Pfeffer würzen, mit Limettensaft beträufeln.

6. Olivenöl in einer Pfanne erhitzen. Rotbarbenmedaillons darin von beiden Seiten 3–5 Minuten braten.

7. Die Kresse und Kapuzinerkresse-Blüten vorsichtig abspülen und trocken tupfen.

8. Die Suppe in 4 Suppentassen füllen und jeweils 2 Rotbarbenmedaillons hineingeben. Mit Kresseblättchen bestreuen. Mit Kapuzinerkresse-Blüten garniert servieren.

Beilage: Walnussbrot oder Baguette.

Schnittlauch

Schnittlauch gehört zu den Zwiebelgewächsen. Als Kraut eignen sich die frischen, jungen Blätter. Sie riechen und schmecken lauchartig. Schnittlauch wird als Universalkraut eingesetzt. Passt zu: Suppen, Saucen, Salat, Fisch- und Fleischgerichten, Kräuterbutter und -quark, Teigwaren, Reis, Gemüse, Eintöpfen, Eier-, Quark- und Joghurtgerichten.

Schweinefilet mit Käsecreme und Majoran

Macht richtig satt – raffiniert

4 Portionen

Pro Portion: E: 63 g, F: 25 g, Kh: 86 g, kJ: 3469, kcal: 830, BE: 7,0

12	*Schweinemedaillons (je etwa 60 g)*
3–4 Stängel	*Majoran*
120 g	*Doppelrahm-Frischkäse*
	Salz
	frisch gemahlener Pfeffer
12 Scheiben	*magerer Schinkenspeck (etwa 120 g)*
2 EL	*Speiseöl*

Für die Beilage:

5 l	*Wasser*
5 gestr. TL	*Salz*
500 g	*bunte Spaghetti (rot, grün, gelb)*
	Knoblauchpulver
2 EL	*Olivenöl*
einige Zweige	*Majoran*

Außerdem:

Küchengarn

Zubereitungszeit: 45 Minuten
Garzeit: etwa 20 Minuten

1. Medaillons mit Küchenpapier trocken tupfen. In jedes Medaillon von der Seite her eine kleine Tasche einschneiden.

2. Den Backofen vorheizen.
Ober-/Unterhitze: etwa 180 °C
Heißluft: etwa 160 °C

3. Majoran abspülen und trocken tupfen. Die Blättchen von den Stängeln zupfen. Blättchen klein schneiden.

4. Frischkäse in einer Schüssel verrühren. Majoran unterrühren. Mit Salz und Pfeffer würzen. Die Masse in einen Spritzbeutel ohne Lochtülle füllen und jeweils in die Medaillons spritzen.

5. Je 1 Speckscheibe um die Medaillons wickeln und mit je etwas Küchengarn zusammenhalten. Medaillons mit wenig Salz und Pfeffer würzen.

6. Speiseöl in einer Pfanne erhitzen. Medaillons darin von jeder Seite etwa 2 Minuten anbraten, herausnehmen und auf eine vorgewärmte, hitzebeständige Platte legen. Die Platte auf dem Rost in den vorgeheizten Backofen schieben. Die Medaillons **etwa 15 Minuten garen.**

7. In der Zwischenzeit für die Beilage Wasser in einem großen Topf mit geschlossenem Deckel zum Kochen bringen. Dann Salz und Spaghetti hinzugeben. Die Spaghetti im geöffneten Topf bei mittlerer Hitze nach Packungsanleitung kochen lassen, dabei zwischendurch 4–5-mal umrühren.

8. Spaghetti mit Salz, Pfeffer und Knoblauch würzen. Mit Olivenöl beträufeln.

9. Medaillons mit den Spaghetti auf einem runden Teller anrichten. Mit abgespülten und trocken getupften Majoranzweigen garniert servieren.

Tipp: Zu den Medaillons schmecken auch sehr gut Gnocchi, schmale Bandnudeln oder in Butter geschwenkte Kräuterkartoffeln.

Schweinefilet mit Koriander und Reisnudeln

Exotisch

4 Portionen

Pro Portion: E: 42 g, F: 25 g, Kh: 62 g, kJ: 2694, kcal: 644, BE: 5,0

	Salz
250 g	*Reisnudeln (Glasnudeln) oder 250 g schmale Bandnudeln*
500 g	*Schweinefilet*
je 1	*rote, grüne und gelbe Paprikaschote (etwa 600 g)*
1 Topf	*Koriander*
4 EL	*Speiseöl*
100 g	*Erdnusskerne (geschält und gesalzen)*
2 EL	*Sojasauce*
2 EL	*asiatische Fischsauce (erhältlich im Asialaden)*
100 ml	*Gemüsebrühe*
1/2 EL	*Speisestärke*
etwas	*Sambal Oelek (1 Mokkalöffel)*
	frisch gemahlener Pfeffer

Zubereitungszeit: 40 Minuten

1. Salzwasser in einem Topf zum Kochen bringen. Die Reisnudeln darin 2–3 Minuten garen, in ein Sieb geben und abtropfen lassen. Oder Bandnudeln nach Packungsanleitung garen.

2. Schweinefilet mit Küchenpapier trocken tupfen und in dünne Scheiben oder Würfel schneiden.

3. Paprikaschoten halbieren, entstielen, entkernen und die weißen Scheidewände entfernen. Schotenhälften abspülen, trocken tupfen und in kleine Würfel schneiden. Den Koriander abspülen und trocken tupfen. Die Blättchen von den Stängeln zupfen.

4. Zwei Esslöffel des Speiseöls in einer Pfanne erhitzen. Fleischscheiben oder -würfel darin von allen Seiten kurz anbraten, herausnehmen und warm stellen.

5. Restliches Speiseöl in der Pfanne erhitzen. Paprikawürfel darin unter Rühren andünsten. Erdnusskerne und Korianderblättchen (einige Blättchen zum Garnieren beiseitelegen) hinzufügen. Mit Soja-, Fischsauce und Gemüsebrühe ablöschen.

6. Speisestärke mit etwas Wasser anrühren, unter die Gemüsesauce rühren und kurz aufkochen lassen. Mit Sambal Oelek, Salz und Pfeffer würzen. Das warm gestellte Fleisch hinzugeben und miterhitzen.

7. Reis- oder Bandnudeln in einer Pfanne erhitzen, mit der Fleisch-Gemüse-Pfanne anrichten. Mit den beiseitegelegten Korianderblättchen garniert servieren.

Schweinesteaks mit Thymian und Wacholder

Für Gäste

4 Portionen

Pro Portion: E: 30 g, F: 27 g, Kh: 8 g, kJ: 1668, kcal: 399, BE: 0,5

je 200 g kernlose, grüne und blaue Weintrauben
2 Schalotten
4 Zweige Thymian
4 Wacholderbeeren

Für die Steaks:

4 Schweinerückensteaks (je etwa 140 g)
Salz
frisch gemahlener Pfeffer
2 EL Speiseöl
40 g Butter

200 ml Bratenfond

Zum Garnieren:

einige Zweige Thymian

Zubereitungszeit: 40 Minuten
Bratzeit: etwa 5 Minuten

1. Weintrauben abspülen, trocken tupfen, entstielen und halbieren. Die Schalotten abziehen und in kleine Würfel schneiden.

2. Thymian abspülen und trocken tupfen. Die Blättchen von den Stängeln zupfen. Blättchen klein schneiden. Anschließend die Wacholderbeeren zerdrücken und fein hacken.

3. Steaks mit Küchenpapier trocken tupfen. Mit Salz und Pfeffer würzen.

4. Speiseöl in einer Pfanne erhitzen. Die Steaks darin von beiden Seiten etwa 5 Minuten braten. Die Steaks herausnehmen, auf einen Teller legen und warm stellen.

5. Butter in dem verbliebenen Bratfett in der Pfanne zerlassen. Schalottenwürfel darin andünsten. Wacholder, Thymian und Weintraubenhälften mit andünsten. Bratenfond hinzugießen, zum Kochen bringen und um die Hälfte einkochen lassen.

6. Die Steaks mit der Sauce auf Tellern anrichten. Mit abgespülten und trocken getupften Thymianzweigen garniert servieren.

Beilage: Kartoffelpüree mit Sahne und Käse überbacken.

Seezungenfilet in Apfel-Kräuter-Marinade

Mit Alkohol – etwas Besonderes
4 Portionen

Pro Portion: E: 31 g, F: 13 g, Kh: 13 g, kJ: 1228, kcal: 294, BE: 0,5

8 Seezungenfilets (je etwa 80 g)
Salz
frisch gemahlener Pfeffer

Für die Marinade:
1 Zwiebel
200 ml Weißwein, z. B. weißer Burgunder
100 ml Fischfond
2 EL Apfelessig
1 Lorbeerblatt
je einige Blättchen Zitronenverbene und Minze

Für den Salat:
1 Bund Rucola (Rauke, etwa 100 g)
1 Zucchini (etwa 300 g)
1 Fleischtomate (etwa 250 g)
1 Frühlingszwiebel
2 Äpfel, z. B. Granny Smith

4 EL Marinade (von den Seezungenfilets)
4 EL Olivenöl

einige Kräuterblüten und Kräuter

Zubereitungszeit: 35 Minuten, ohne Abkühl- und Durchziehzeit
Garzeit: etwa 5 Minuten

1. Seezungenfilets kurz unter fließendem kalten Wasser abspülen, trocken tupfen und auf Küchenpapier legen. Mit Salz und Pfeffer würzen. Die Filets mit der Hautseite nach innen zu Röllchen formen.

2. Für die Marinade die Zwiebel abziehen und in kleine Würfel schneiden. Mit Wein, Fond, Apfelessig, Lorbeerblatt, abgespülten, trocken getupften Zitronenverbene- und Minzeblättchen verrühren und erhitzen. Die

Seezungenfiletröllchen darin etwa 5 Minuten blanchieren. Anschließend mit einer Schaumkelle herausnehmen. Seezungenfiletröllchen erkalten lassen. Die Marinade ebenfalls erkalten lassen.

3. Für den Salat Rucola putzen und die harten Stiele abschneiden. Rucola abspülen und trocken tupfen. Die Zucchini abspülen, abtrocknen und die Enden abschneiden. Die Zucchini längs halbieren und in dünne Scheiben schneiden. Tomate abspülen, trocken tupfen, vierteln, die Stängelansätze entfernen. Die Tomate entkernen und in kleine Würfel schneiden. Die Frühlingszwiebel putzen, abspülen, abtropfen lassen und in Ringe schneiden. Äpfel heiß abwaschen, abtrocknen, vierteln, entkernen und in Scheiben schneiden.

4. Vier Esslöffel von der kalt gestellten Marinade mit Olivenöl verrühren, mit Salz und Pfeffer würzen.

5. Die vorbereiteten Salatzutaten in einer großen Schüssel mischen. Die Salatsauce unterheben. Salat einige Minuten durchziehen lassen.

6. Den Salat auf Tellern oder einer Platte anrichten. Die Seezungenröllchen daraufsetzen.

7. Kräuterblüten und Kräuter vorsichtig abspülen und trocken tupfen. Seezungenfiletröllchen mit den Kräuterblüten und Kräutern garnieren.

Selleriegrün

Sellerie gehört zu den Doldenblütlern. Es wird auch Krautsellerie genannt. Selleriegrün schmeckt stark aromatisch und leicht süßlich. Selleriegrün sollte sparsam eingesetzt werden. Die Blätter gleichen der glatten Petersilie. Sie werden ganz in Speisen mitgekocht oder frisch gehackt zu Suppen, Saucen, Quarkspeisen und Salaten verwendet. Getrocknete Blätter, Samen oder Knollen mit Salz gemischt werden als Selleriesalz angeboten.

Selleriepesto

Raffiniert
etwa 300 ml

Pro Portion: E: 26 g, F: 137 g, Kh: 8 g, kJ: 5681, kcal: 1357, BE: 0,5

40 g Pinienkerne
10–12 Blättchen Selleriegrün
2–3 Knoblauchzehen
100 ml Olivenöl
frisch gemahlener Pfeffer
1 Prise Zucker
Saft von ½ Zitrone
50 g frisch geriebener Parmesan-Käse
evtl. Salz

Zubereitungszeit: 20 Minuten, ohne Abkühlzeit

1. Pinienkerne in einer Pfanne ohne Fett unter Rühren goldbraun rösten, herausnehmen, auf einen Teller geben und abkühlen lassen.

2. Sellerieblättchen abspülen, trocken tupfen und grob zerkleinern. Knoblauch abziehen.

3. Olivenöl, Sellerieblättchen, Knoblauch, Pinienkerne, Pfeffer, Zucker und Zitronensaft in einen Rührbecher geben und mit einem Stabmixer zu einer cremigen Masse pürieren. Parmesan-Käse unterrühren (nicht mehr pürieren). Evtl. mit Salz abschmecken.

Tipp: Der intensive Geschmack vom Selleriepesto verträgt sich gut mit Pasta oder Gnocchi sowie mit gebratenem Fisch.

Shisokresse

Shisokresse hat einen leicht pfeffrigen Geschmack. Sie stammt aus der asiatischen Küche. Es gibt sie in Rot und in Grün: Passt zu Fisch- und Kartoffelgerichten.

Spaghetti aglio olio mit Petersilie

Raffiniert – klassisch

2–3 Portionen

Pro Portion: E: 41 g, F: 47 g, Kh: 138 g, kJ: 4779, kcal: 1141, BE: 11,5

5 l Wasser
5 gestr. TL Salz
500 g Spaghetti
3 Knoblauchzehen
1 Bund Petersilie
60 ml Olivenöl
Salz, frisch gemahlener Pfeffer

etwa 150 g frisch geriebener Parmesan-Käse

Zubereitungszeit: 10 Minuten

1. Wasser in einem großen Topf mit geschlossenem Deckel zum Kochen bringen. Dann Salz und Spaghetti hinzugeben. Die Spaghetti im geöffneten Topf bei mittlerer Hitze nach Packungsanleitung kochen lassen, dabei zwischendurch 4–5-mal umrühren. Anschließend die Spaghetti in ein Sieb geben, mit heißem Wasser abspülen und abtropfen lassen.

2. Den Knoblauch abziehen und in dünne Scheiben schneiden. Petersilie abspülen und trocken tupfen. Die Blättchen von den Stängeln zupfen. Blättchen klein schneiden.

3. Olivenöl in einer Pfanne erhitzen. Die Knoblauchscheiben darin glasig bis hellbraun dünsten. Spaghetti und Petersilie in das heiße Knoblauchöl geben und gut vermischen. Mit Salz und Pfeffer würzen.

4. Spaghetti aglio olio am besten in einer vorgewärmten Schüssel oder in Tellern anrichten. Mit Parmesan-Käse bestreuen.

Tipp: Wer es sehr scharf mag, kann beim Andünsten zum Olivenöl eine getrocknete, rote Pfefferschote (Peperoncino) hinzugeben (Foto).

Spaghetti mit Garnelen und Thai-Basilikum

Exotisch

2 Portionen

Pro Portion: E: 32 g, F: 30 g, Kh: 86 g, kJ: 3145, kcal: 755, BE: 7,0

10	*Garnelen ohne Kopf (mit Schale, je etwa 20 g)*
1	*Bio-Orange (unbehandelt, ungewachst)*
1 EL	*Sambal Oelek*
½ TL	*Currypulver*
1	*Bio-Limette (unbehandelt, ungewachst)*
2 l	*Wasser*
2 gestr. TL	*Salz*
200 g	*Spaghetti*
200 ml	*Kokosmilch*
20 g	*frische Ingwerwurzel*
	Salz
2 EL	*Olivenöl*
2 Stängel	*Thai-Basilikum*

Zubereitungszeit: 40 Minuten

1. Garnelenschale bis auf das letzte Segment ablösen. Den Darm jeweils entfernen. Garnelen kurz unter fließendem kalten Wasser abspülen und trocken tupfen.

2. Orange heiß abwaschen, abtrocknen und die Schale dünn abschälen. Orangenschale in feine Streifen schneiden. Orange halbieren und den Saft auspressen.

3. Die Orangenschale mit -saft, Sambal Oelek und Curry mischen.

4. Die Limette heiß abwaschen, abtrocknen und die Schale fein abreiben. Limette halbieren, den Saft auspressen und 3 Esslöffel abmessen.

5. Wasser in einem großen Topf mit geschlossenem Deckel zum Kochen bringen. Dann Salz und Spaghetti hinzugeben. Die Spaghetti im geöffneten Topf bei mittlerer Hitze nach Packungsanleitung kochen lassen, dabei zwischendurch 4–5-mal umrühren.

6. Anschließend die Spaghetti in ein Sieb geben, mit heißem Wasser abspülen und abtropfen lassen.

7. In der Zwischenzeit die Kokosmilch in einem Topf zum Kochen bringen und etwa 5 Minuten bei mittlerer Hitze ohne Deckel einkochen lassen. Ingwer schälen, fein reiben und hinzugeben. Limettenschale und -saft unterrühren. Mit Salz würzen.

8. Olivenöl in einer Pfanne erhitzen. Garnelen mit Salz bestreuen, in die Pfanne legen und von jeder Seite etwa 1 Minute bei mittlerer Hitze anbraten, mit dem Sambal-Orangen-Gemisch ablöschen und etwa 1 Minute einkochen lassen.

9. Basilikum abspülen und trocken tupfen. Die Blättchen von den Stängeln zupfen. Blättchen grob zerschneiden. Die Spaghetti mit der heißen Kokosmilch mischen und anrichten. Die Garnelen darauf verteilen. Mit Basilikum bestreuen.

Spargel-Kerbel-Suppe mit Hackklößchen

Gut vorzubereiten

4 Portionen

Pro Portion: E: 19 g, F: 34 g, Kh: 15 g, kJ: 1844, kcal: 441, BE: 0,5

Für die Hackklößchen:

200 g	*Tatar oder gemischtes Hackfleisch (halb Rind-, halb Schweinefleisch)*
2 EL	*weiche Butter*
1	*Eigelb (Größe M)*
30 g	*Semmelbrösel*
1 EL	*fein gehackte Petersilie*
	Salz
	frisch gemahlener Pfeffer
	frisch geriebene Muskatnuss

Für die Suppe:

750 g	*weißer Spargel*
250 g	*Champignons*
1 Bund	*Suppengrün (Möhre, Sellerie, Porree)*
3	*Frühlingszwiebeln*
3 EL	*Butter*
750 ml (3/4 l)	*Gemüsebrühe*
3 EL	*Crème fraîche*
2 EL	*gehackte Kerbelblättchen*

Zubereitungszeit: 40 Minuten
Garzeit: etwa 15 Minuten

1. Für die Klößchen das Tatar oder Hackfleisch in eine Schüssel geben. Butter, Eigelb, Semmelbrösel und Petersilie hinzugeben. Die Zutaten zu einer geschmeidigen Masse verkneten. Mit Salz, Pfeffer und Muskat würzen. Aus der Masse mit angefeuchteten Händen Klößchen formen.

2. Für die Suppe den Spargel von oben nach unten schälen. Darauf achten, dass die Schalen vollständig entfernt, die Köpfe aber nicht verletzt werden. Den Spargel abspülen, abtropfen lassen und in etwa 3 cm lange Stücke schneiden. Champignons putzen, mit Küchenpapier abreiben, evtl. kurz abspülen, trocken tupfen und in Scheiben schneiden.

3. Das Suppengrün putzen, abspülen, abtropfen lassen und in feine Streifen schneiden. Die Frühlingszwiebeln putzen, abspülen, abtropfen lassen und in feine Ringe schneiden.

4. Die Butter in einem Topf zerlassen. Vorbereitetes Gemüse darin unter Wenden leicht andünsten. Brühe hinzugießen und zum Kochen bringen. Spargelstücke hinzufügen und wieder zum Kochen bringen. Nach etwa 10 Minuten Garzeit Champignonscheiben und Hackklößchen in die Suppe geben, etwa 5 Minuten bei schwacher Hitze gar ziehen lassen. Crème fraîche unterrühren.

5. Die Suppe in Suppentassen füllen und mit Kerbel bestreut servieren.

Tipps: Statt der Hackfleischklößchen rohe oder gekochte Schinkenstreifen oder gebratene Hähnchenbruststreifen in die Suppe geben. Sie können die Suppe auch mit etwas Weißwein abschmecken.

Spargelsalat in Waldmeister-Vinaigrette

Mit Alkohol – gut vorzubereiten

4 Portionen

Pro Portion: E: 5 g, F: 20 g, Kh: 8 g, kJ: 1046, kcal: 250, BE: 0,2

500 g	*weißer Spargel (dünne Spargelstangen)*
500 g	*grüner Spargel (dünne Spargelstangen)*
	Salz
je 100 g	*rote und gelbe Cocktailtomaten*

Für die Waldmeister-Vinaigrette:

1	*Schalotte*
1 Bund oder 1 Topf	*frischer Waldmeister*
4 EL	*weißer Balsamico-Essig*
6 EL	*Spargelflüssigkeit*
100 ml	*weißer Burgunder*
8 EL	*Olivenöl*
	frisch gemahlener Pfeffer

Zubereitungszeit: 50 Minuten, ohne Abkühl- und Marinierzeit

1. Den weißen Spargel von oben nach unten schälen. Darauf achten, dass die Schalen vollständig entfernt, die Köpfe aber nicht verletzt werden. Die unteren Enden abschneiden (holzige Stellen vollkommen entfernen). Von dem grünen Spargel das untere Drittel schälen und die unteren Enden abschneiden. Spargel abspülen und in nicht zu kleine Stücke schneiden.

2. Salzwasser in einem Topf zum Kochen bringen. Die Spargelstücke darin 8–10 Minuten garen. Anschließend in einem Sieb abtropfen lassen, die Flüssigkeit dabei auffangen und 6 Esslöffel abmessen. Spargelstücke erkalten lassen.

3. Tomaten abspülen, trocken tupfen, halbieren und evtl. die Stängelansätze herausschneiden.

4. Für die Vinaigrette Schalotte abziehen und in kleine Würfel schneiden. Waldmeister abspülen und trocken tupfen. Die Blättchen von den Stängeln zupfen. Blättchen klein schneiden.

5. Essig mit der abgemessenen Spargelflüssigkeit und Wein verrühren, Olivenöl unterschlagen. Mit Salz und Pfeffer würzen. Schalottenwürfel und den Waldmeister unterrühren.

6. Spargelstücke und Tomatenhälften vorsichtig mit der Vinaigrette vermischen. Den Salat zugedeckt und kalt gestellt 2–3 Stunden durchziehen lassen.

Beilage: Warmes Knoblauchbrot.

Spargelsalat mit Shrimps und Ringelblumen

Für Gäste

4 Portionen

Pro Portion: E: 14 g, F: 11 g, Kh: 9 g, kJ: 805, kcal: 192, BE: 0,5

16 Stangen	*weißer oder grüner Spargel (oder gemischt)*
	Salz
200 g	*Zuckerschoten*
1 ganz kleines Bund	*Schnittlauch*
1 Zweig	*Dill*

Für die Vinaigrette:

2 EL	*Himbeeressig oder ein anderer fruchtiger Essig*
1 TL	*flüssiger Honig oder ½ TL Zucker*
½ TL	*bunter, geschroteter Pfeffer*
4 EL	*Olivenöl*

200 g	*gegarte Shrimps*
	Blütenblätter von
6	*Ringelblumenblüten*

Zubereitungszeit: 35 Minuten

1. Den weißen Spargel von oben nach unten schälen. Darauf achten, dass die Schalen vollständig entfernt, die Köpfe aber nicht verletzt werden. Die unteren Enden abschneiden (holzige Stellen vollständig entfernen). Von dem grünen Spargel nur das untere Drittel schälen und die Enden abschneiden. Spargelstangen abspülen, abtropfen lassen und in kochendem Salzwasser etwa 7 Minuten garen.

2. Die Spargelstangen herausnehmen, mit eiskaltem Wasser abschrecken und abtropfen lassen. Stangen der Länge nach halbieren.

3. Zuckerschoten putzen, evtl. abfädeln, abspülen, abtropfen lassen und in kochendem Salzwasser 2–3 Minuten blanchieren. Zuckerschoten mit einer Schaumkelle herausnehmen, in eiskaltem Wasser abschrecken und abtropfen lassen.

4. Schnittlauch abspülen, trocken tupfen und in kleine Röllchen schneiden. Dill abspülen und trocken tupfen. Die Spitzen von dem Stängel zupfen. Die Spitzen klein schneiden.

5. Essig mit Honig oder Zucker, Salz und Pfeffer verrühren. Olivenöl unterschlagen. Schnittlauchröllchen und Dill unterrühren.

6. Shrimps abtropfen lassen. Spargel, Zuckerschoten und Shrimps auf einer Platte oder auf 4 Tellern anrichten und mit der Vinaigrette beträufeln.

7. Die Blütenblätter vorsichtig abspülen und trocken tupfen. Den Salat damit bestreuen.

Tipp: Statt Shrimps können auch Flusskrebsschwänze oder gebratene Scampi verwendet werden.

Spinat

Spinat gehört zu den Gänsefußgewächsen. Spinat wird als Gemüse zubereitet, junge Blätter können als Mischsalat angerichtet werden.

Steaksandwich mit Rucola

Schnell

2 Portionen

Pro Portion: E: 48 g, F: 18 g, Kh: 67 g, kJ: 2620, kcal: 621, BE: 5,5

1	***Ciabatta oder 1 kleines Baguette***
1	***Rumpsteak (etwa 300 g)***
3–4 EL	***Olivenöl***
2 Zweige	***Rosmarin***
	Salz
	frisch gemahlener Pfeffer
	Saft von
1	***Zitrone***
2 EL	***Dijon-Senf***
etwas	***Rucola (Rauke)***

Zubereitungszeit: 15 Minuten

1. Den Backofen vorheizen.
Ober-/Unterhitze: etwa 100 °C
Heißluft: etwa 80 °C

2. Ciabatta oder Baguette im vorgeheizten Backofen etwa 10 Minuten erwärmen.

3. In der Zwischenzeit das Rumpsteak mit Küchenpapier trocken tupfen und waagerecht durchschneiden. Die Fleischscheiben mithilfe eines Fleischklopfers (ist dieser nicht vorhanden, lassen sich auch Topf oder Pfanne umfunktionieren) so lange bearbeiten, bis die Scheiben etwa 1 cm dick sind. Die plattierten Fleischscheiben mit etwa 1 Esslöffel des Olivenöls einreiben.

4. Rosmarin abspülen und trocken tupfen. Die Nadeln von den Stängeln zupfen. Die Fleischscheiben mit den Rosmarinnadeln bestreuen, kräftig mit Salz und Pfeffer würzen.

5. Etwa 1 Esslöffel des restlichen Olivenöls in einer Pfanne erhitzen. Die Fleischscheiben darin etwa 1 Minute von jeder Seite braten, sodass die Fleischscheiben innen noch leicht rosa sind (die Garzeit kann je nach Geschmack verkürzt bzw. verlängert werden). Die Fleischscheiben aus der Pfanne nehmen, mit etwas Zitronensaft beträufeln und kurz ruhen lassen.

6. In der Zwischenzeit das erwärmte Ciabatta oder Baguette waagerecht durchschneiden. Die Brotscheiben von einer Seite mit dem restlichen Olivenöl und Senf bestreichen.

7. Rucola putzen und die dicken Stiele abschneiden. Rucola abspülen, trocken tupfen und auf den Brotscheiben verteilen. Die Steaks darauflegen und mit dem entstandenen Bratensaft beträufeln.

Thai-Basilikum

Thai-Basilikum gehört zu den Lippenblütlern. Es gibt drei Arten, die überwiegend in der thailändischen Küche verwendet werden. Sie unterscheiden sich im Geruch. Das hauptsächlich Verwendete duftet nach Anis, Estragon, Basilikum, die anderen nach Zitronen bzw. nach Nelken und Piment. Passt zu: asiatischen Gerichten, wie Suppen, Curries, Fischgerichten und Salaten.

Thaicurry mit Kaffirblättern und Thai-Basilikum

Etwas Besonderes – scharf
2–4 Portionen

Pro Portion: E: 50 g, F: 38 g, Kh: 49 g, kJ: 3117, kcal: 749, BE: 4,0

4 Hähnchenbrustfilets (je etwa 140 g)
2 Möhren
1 Süßkartoffel
½ Knollensellerie
2 EL Speiseöl, z. B. Maiskeimöl
2 EL rote Currypaste (erhältlich im Asialaden)
1 Dose Ananasstücke (Abtropfgewicht 500 g)
1 Stängel Zitronengras
500 ml (½ l) Kokosmilch
500 ml (½ l) Hühner- oder Gemüsebrühe
5 Kaffirblätter (Limettenblätter, erhältlich im Asialaden)
2 frische, rote Chilischoten
3–4 EL Fischsauce (erhältlich im Asialaden)
1 kleines Bund Thai-Basilikum
Salz

Zubereitungszeit: 30 Minuten
Garzeit: 25–30 Minuten

1. Hähnchenbrustfilets kurz unter fließendem kalten Wasser abspülen, trocken tupfen und in dünne Streifen schneiden. Möhren, Süßkartoffel und Sellerie putzen, schälen, abspülen, abtropfen lassen und in kleine Würfel schneiden.

2. Das Speiseöl in einem Topf erhitzen. Die Currypaste darin kurz andünsten. Fleischstreifen hinzugeben und kurz unter Rühren mitdünsten lassen. Ananasstücke mit dem Saft hinzufügen. Vorbereitete Gemüse- und Kartoffelwürfel unterrühren und erhitzen.

3. Zitronengras mit einem Topf oder Hammer auf der Arbeitsfläche plattieren. Zitronengras mit Kokosmilch, Brühe und abgespülten Kaffirblättern zu der Fleisch-Gemüse-Masse in den Topf geben und zum Kochen bringen. Chilischoten abspülen, trocken tupfen, entstielen, in Ringe schneiden und ebenfalls hinzufügen. Mit Fischsauce würzen.

4. Thaicurry zum Kochen bringen und 25–30 Minuten bei schwacher Hitze kochen lassen.

5. Basilikum abspülen und trocken tupfen. Die Blättchen von den Stängeln zupfen. Basilikumblättchen etwa 5 Minuten vor Ende der Garzeit zum Thaicurry geben. Nochmals mit Salz und Fischsauce abschmecken. Thaicurry in Suppenbowls verteilen und sofort servieren.

Beilage: Reis.

Variante: Gelbes Rindfleischcurry (4 Portionen). Dafür 500 g fettfreies Rinderfilet mit Küchenpapier trocken tupfen und in Streifen schneiden. 1 grüne Chilischote abspülen, trocken tupfen und schräg in Ringe schneiden. 100 g Bambussprossen (aus Dose oder Glas) abtropfen lassen. 1 kleines Bund Basilikum abspülen und trocken tupfen. Die Blättchen von den Stängeln zupfen. 400 ml Kokosmilch in einem Wok oder einer Pfanne erhitzen. 2 Teelöffel gelbe Currypaste und 2 Teelöffel Kurkuma (Gelbwurz) unterrühren. Das Fleisch, zwei Drittel der Basilikumblättchen, Chiliringe, Bambussprossen und etwas Zucker hinzugeben, 8–10 Minuten kochen lassen. Rindfleischcurry vor dem Servieren mit Fischsauce und Salz würzen. Mit restlichen Basilikumblättchen bestreut servieren.

Thymian

Thymian gehört zur Familie der Lippenblütler. Er hat einen stark aromatischen und einen leicht scharfen, bitteren Geschmack. Er ist vor allem in der Mittelmeerküche sehr beliebt. Er harmoniert nur mit ebenfalls stark aromatischen Kräutern wie Majoran, Rosmarin oder Lorbeer und sollte vorsichtig dosiert werden. Passt zu: allen Braten und kräftigen Fleischgerichten, Suppen und Eintöpfen, pikanten Salaten, Hülsenfrucht- und Getreidegerichten, Schmorgerichten, Gemüse, Reis und Kräuteressig.

Thymianöl

Zum Verschenken

etwa 500 ml ($^{1}/_{2}$ l)

Insgesamt: E: 0 g, F: 498 g, Kh: 1 g, kJ: 18454, kcal: 4407, BE: 0

3 Stängel	*Thymian*
1 Stängel	*Lavendel*
1 Stängel	*Lavendel mit Blüte*
500 ml ($^{1}/_{2}$ l)	*kalt gepresstes Olivenöl*

Zubereitungszeit: 20 Minuten, ohne Trockenzeit
Durchziehzeit: mindestens 14 Tage
Haltbarkeit: gekühlt und dunkel gestellt etwa 3 Monate

1. Thymian und Lavendel vorsichtig abspülen, trocken tupfen, auf Küchenpapier legen und 3 Tage trocknen lassen.

2. Getrocknete Kräuter in eine vorbereitete Flasche geben und mit Olivenöl auffüllen. Die Flasche verschließen. Thymianöl mindestens 14 Tage an einem kühlen, dunklen Ort (Keller) durchziehen lassen.

Tipp: Das Thymianöl mit Lavendel für Lamm-, Wild- und gegrillte Fischgerichte oder Schmorgerichte mit Gemüse und Salatsaucen verwenden.

Tomaten-Basilikum-Chutney

Klassisch

4 Portionen (etwa 350 ml)

Pro Portion: E: 1 g, F: 0 g, Kh: 40 g, kJ: 703, kcal: 168, BE: 3,0

2	*Fleischtomaten (etwa 300 g)*
1 Topf	*Thai-Basilikum*
1	*grüne Chilischote*
150 g	*Zucker*
100 ml	*Wasser*
1 TL	*grüne Pfefferkörner, in Lake*
	Salz
	frisch gemahlener Pfeffer
	Knoblauchpulver

Zubereitungszeit: 30 Minuten
Garzeit: etwa 10 Minuten

1. Tomaten abspülen, trocken tupfen, halbieren und die Stängelansätze herausschneiden. Tomatenhälften in grobe Stücke schneiden.

2. Basilikum abspülen und trocken tupfen. Die Blättchen von den Stängeln zupfen. Die Blättchen grob zerschneiden.

3. Chili abspülen, trocken tupfen und in sehr dünne Ringe schneiden, Kerne dabei entfernen.

4. Zucker mit Wasser in einem Topf verrühren und zum Kochen bringen. Tomatenstücke, Basilikum, Chiliringe und Pfefferkörner hinzufügen. Mit Salz, Pfeffer und Knoblauch würzen.

5. Die Zutaten zum Kochen bringen und etwa 10 Minuten bei mittlerer Hitze kochen lassen.

6. Die Masse sofort in vorbereitete Gläser füllen, mit Twist-off-Deckeln® verschließen, umdrehen und etwa 5 Minuten auf den Deckeln stehen lassen.

Tipp: Das Chutney passt zu Grillgerichten von Rind-, Kalb- und Schweinefleisch, aber auch zu Hähnchenbrustfilet, Hummerkrabben und gegrilltem Fischfilet wie Viktoriabarsch und Pangasius.

Tomaten-Kokos-Suppe mit Koriander

Exotisch

4 Portionen

Pro Portion: E: 6 g, F: 45 g, Kh: 10 g, kJ: 1979, kcal: 479, BE: 0,5

2 walnuss-große Stücke	*frische Ingwerwurzel*
2 EL	*Speiseöl*
2 gestr. TL	*rote Currypaste (erhältlich im Asialaden)*
480 g	*abgetropfte, geschälte Tomaten (aus der Dose)*
800 ml	*Kokosmilch*
2 TL	*gekörnte Gemüse- oder Geflügelbrühe*
½ TL	*Cumin (Kreuzkümmel)*
1	*Bio-Limette (unbehandelt, ungewachst)*
1 Msp.	*Chilipulver*
	Zucker
150 g	*Crème légère*
1 Handvoll	*frisch gehackte Korianderblättchen*

Zubereitungszeit: 20 Minuten
Garzeit: 8–10 Minuten

1. Ingwer schälen und auf einer Haushaltsreibe fein reiben.

2. Speiseöl in einem Topf erhitzen. Ingwer und Currypaste darin kurz unter Rühren andünsten. Tomaten, Kokosmilch, gekörnte Brühe und Cumin hinzugeben. Die Zutaten unter Rühren aufkochen lassen. Den Topf von der Kochstelle nehmen.

3. Tomaten-Kokos-Masse pürieren und nochmals 8–10 Minuten unter gelegentlichem Rühren bei schwacher Hitze kochen lassen.

4. Die Limette heiß abwaschen, abtrocknen und die Schale abreiben. Limette halbieren und den Saft auspressen.

5. Die Tomaten-Kokos-Suppe mit Chili, Limettenschale, -saft und 1 Prise Zucker abschmecken. Die Suppe in 4 Suppentellern verteilen. Mit je 1 Teelöffel Crème légère und etwas gehacktem Koriander anrichten.

Beilage: Frisches Fladenbrot.

Tomaten-Sellerie-Salat mit Tripmadam

Raffiniert
4 Portionen

Pro Portion: E: 4 g, F: 25 g, Kh: 16 g, kJ: 1272, kcal: 304, BE: 1,0

400 g Staudensellerie
1 Handvoll Tripmadam (Felsen-Fetthenne, Würzkraut)
4 EL Orangensaft
4 EL weißer Balsamico-Essig
8 EL Olivenöl
Salz, frisch gemahlener Pfeffer
Zucker
40 g Cashew- oder Walnusskerne, geröstet
20 Cocktailtomaten
1 EL Zucker

Zubereitungszeit: 20 Minuten

1. Den Staudensellerie putzen und die harten Außenfäden abziehen. Die Selleriestangen abspülen, trocken tupfen und in sehr feine Scheiben schneiden. Tripmadam abspülen und trocken tupfen. Die Nadeln von den Stängeln zupfenund dann sehr fein schneiden.

Tripmadam

Tripmadam gehört zu den Dickblattgewächsen, hat kleine gelbe, sternförmige Blüten und ist fast nur aus dem eigenen Garten zu beziehen. Es werden die jungen Triebe mit den Nadeln verwendet, die geschnitten oder zerdrückt in die Gerichte kommen. Sie schmecken säuerlich-aromatisch. Sie eignen sich zum Würzen von frischen Salaten, Saucen, Suppen, Kräuterquark, -essig und -butter.

2. Orangensaft mit Essig verrühren. 4 Esslöffel Olivenöl unterschlagen. Mit Salz. Pfeffer und Zucker würzen.

3. Selleriescheiben in eine Schale legen und mit der Vinaigrette übergießen. Cashew- oder Walnusskerne und Tripmadam daraufstreuen.

4. Die Tomaten abspülen, trocken tupfen und evtl. die Stängelansätze entfernen. Restliches Olivenöl in einer Pfanne erhitzen.

5. Die Tomaten darin unter Wenden kurz anbraten. Zucker daraufstreuen und kurz karamellisieren. Mit Salz und Pfeffer würzen. Salat vermischen, auf 4 Tellern anrichten. Tomaten darauf verteilen.

Waldmeister

Waldmeister gehört zur Familie der Rötegewächse. Als Gewürz wird das Kraut vor dem Aufblühen verwendet. Es hat einen aromatischen Geruch und schmeckt leicht bitter. Man verwendet es in leicht angewelktem Zustand. Am bekanntesten ist es als Zutat zur Maibowle.

Waldmeisterlikör

Für Gäste – mit Alkohol

etwa 1,2 Liter

Insgesamt: E: 0 g, F: 0 g, Kh: 299 g, kJ: 12746, kcal: 3048, BE: 25,0

2 Bund	*frischer Waldmeister*
300 g	*Zucker*
150 ml	*Wasser*
etwa 1 EL	*getrocknete Orangenblüten (erhältlich in Apotheken oder Kräuterläden)*
1 l	*Slibowitz oder ein anderer heller Pflaumenschnaps*

Zubereitungszeit: 10 Minuten
Durchziehzeit: 5–6 Tage
Haltbarkeit: gekühlt 9–12 Monate

1. Waldmeister abspülen und trocken tupfen.

2. Zucker und das Wasser in einem Topf zum Kochen bringen und 2–3 Minuten bei schwacher Hitze kochen lassen, bis sich der Zucker vollständig gelöst hat.

3. Waldmeister, Zuckerlösung, Orangenblüten und den Slibowitz in ein großes, gründlich gereinigtes, gespültes Glas füllen und fest verschließen.

4. Waldmeisterlikör dunkel und kalt gestellt 5–6 Tage durchziehen lassen. Anschließend durch ein mit einem Geschirrtuch ausgelegtes Sieb gießen, in Flaschen füllen und verschließen.

Tipps: Der Waldmeisterlikör hat eine schöne, grüne Farbe und eignet sich sehr gut als Geschenk. Wenn Sie keinen frischen Waldmeister erhalten, können Sie auf TK-Waldmeister zurückgreifen.

Waldmeister-Zitronen-Eis

Laktosefrei – für Kinder

6 kleine Portionen

Pro Portion: E: 1 g, F: 0 g, Kh: 20 g, kJ: 362, kcal: 87, BE: 1,5

2 Blatt weiße Gelatine
1 Bio-Zitrone (unbehandelt, ungewachst)
170 ml Waldmeister-Sirup
230 ml Wasser

Außerdem:

Backpapier für 6 Papiertütchen
6 Eisstiele (Holzstiele) oder Trinkhalme

Zubereitungszeit: 15 Minuten
Gefrierzeit: 4–5 Stunden, Eismaschine etwa 30 Minuten

1. Gelatine in kaltem Wasser nach Packungsanleitung einweichen. Die Zitrone heiß abwaschen, abtrocknen und die Hälfte der Schale dünn abreiben. Die Zitrone halbieren und den Saft auspressen.

2. Die Gelatine tropfnass in einem kleinen Topf unter Rühren erwärmen (nicht kochen), bis sie völlig gelöst ist. Sirup unterrühren.

3. Die Gelatine-Sirup-Mischung mit Zitronenschale, 2–3 Esslöffeln Zitronensaft und Wasser verrühren. Sirup mit Zitronensaft abschmecken, in eine flache, gefrierfeste Form füllen und zugedeckt in den Gefrierschrank stellen.

4. Sirupflüssigkeit etwa 2 Stunden gefrieren lassen. Dabei die Masse alle 30 Minuten mit einem Schneebesen umrühren. Oder die Masse in einer Eismaschine in etwa 30 Minuten gefrieren lassen.

5. Aus Backpapier 6 kleine Tüten formen. Die Tüten in Gläser stellen. Die angefrorene Eismasse umrühren und in die Tüten füllen. Die Tüten in einer gefrierfesten Form wieder in den Gefrierschrank stellen. Das Sirup-Eis weitere 2–3 Stunden gefrieren lassen.

6. Nach etwa 1 Stunde Gefrierzeit in jedes Tütchen einen Holzstiel oder zwei kleine, stabile Trinkhalme stecken.

Variante: **Holunder-Eis mit Kirschnektar** (laktosefrei, 6 kleine Portionen). Dafür aus 2 Blatt weißer Gelatine, 1 Bio-Zitrone (unbehandelt, ungewachst), 170 ml Holunderblüten-Sirup, 130 ml Wasser und 100 ml Sauerkirsch-Nektar ein Eis, wie im Rezept beschrieben, zubereiten. Die Sirupflüssigkeit zuerst etwa 2 Stunden gefrieren lassen. Dann wie unter Punkt 5–6 beschrieben Eistüten formen und diese mit der Eismasse füllen. Eis weitere 2–3 Stunden gefrieren lassen.

Ziegenfrischkäse mit Walnusskrokant und Portulak

Raffiniert

4 Portionen

Pro Portion: E: 4 g, F: 28 g, Kh: 12 g, kJ: 1323, kcal: 317, BE: 1,0

Für den Krokant:

50 g Walnusskerne
1 TL Butter
40 g Zucker

2 gute Handvoll Portulak

150 g Ziegenfrischkäse
Salz, frisch gemahlener Pfeffer
4 EL Olivenöl

Zubereitungszeit: 30 Minuten, ohne Kühlzeit

1. Für den Krokant Walnusskerne fein hacken. Butter und Zucker in einem Topf bei schwacher Hitze zerlassen. Die Walnusskerne hinzugeben und unter Rühren goldbraun rösten. Die Masse auf Backpapier streichen und erkalten lassen. Krokantmasse mit einem Fleischklopfer oder einer Teigrolle zerkleinern. Krokant in eine flache Schale geben.

2. Portulak abspülen und gut abtropfen lassen oder in einer Salatschleuder vorsichtig trocken schleudern. Die Blätter von den Stängeln zupfen. Ein Drittel der Blätter klein schneiden. Klein geschnittenen Portulak mit Ziegenfrischkäse in eine Schüssel geben und mit einer Gabel vermengen. Mit Salz und Pfeffer würzen. Aus der Masse kleine kirsch- bis walnussgroße Kugeln formen. Die Käsekugeln in dem Krokant hin und her rollen, sodass sie von dem Krokant umschlossen sind.

3. Die Kugeln zum Festwerden in den Kühlschrank legen.

4. Restliche Portulakblätter auf 4 Tellern oder einer Platte anrichten. Mit den Ziegenkäsekugeln belegen und mit Olivenöl beträufeln.

Tipp: Schneller geht es, wenn Sie fertigen Krokant kaufen (Haselnusskrokant).

Zitronenkartoffeln mit Petersilie

Beliebt

4 Portionen

Pro Portion: E: 4 g, F: 15 g, Kh: 29 g, kJ: 1148, kcal: 274, BE: 2,5

750 g kleine, festkochende Kartoffeln
1 Bio-Zitrone (unbehandelt, ungewachst)

Für die Marinade:

½ Bund glatte Petersilie
1 Knoblauchzehe
½ TL Fenchelsamen
125 ml (⅛ l) Hühnerbrühe
1–2 EL Sherryessig
6 EL Olivenöl
Salz
frisch gemahlener Pfeffer
1–2 TL brauner Zucker (Rohrzucker)

Zubereitungszeit: 30 Minuten, ohne Marinierzeit

1. Kartoffeln gründlich waschen, mit Wasser bedeckt zum Kochen bringen und 20–25 Minuten garen. Die Kartoffeln abgießen, mit kaltem Wasser abschrecken, abtropfen lassen und heiß pellen.

2. In der Zwischenzeit die Zitrone heiß abwaschen, abtrocknen, längs halbieren und in dünne Scheiben schneiden, dabei die Kerne entfernen.

3. Für die Marinade Petersilie abspülen und trocken tupfen. Die Blättchen von den Stängeln zupfen. Blättchen in schmale Streifen schneiden. Den Knoblauch abziehen und durch eine Knoblauchpresse drücken. Fenchel im Mörser zerdrücken.

4. Die Hühnerbrühe in einem Topf zum Kochen bringen. Den Topf von der Kochstelle nehmen. Essig, Petersilienstreifen, Knoblauch und Fenchel unterrühren. Olivenöl unterschlagen. Mit Salz und Pfeffer würzen.

5. Kartoffeln und Zitronenspalten in eine Schüssel geben, mit der Marinade übergießen und mindestens 2 Stunden durchziehen lassen. Zitronenkartoffeln mit Salz, Pfeffer und Zucker abschmecken.

Lieben sie mit frischen Kräutern verfeinerte Gerichte? Sie haben es noch nicht probiert? Wir wollen Ihnen Appetit auf Kräuter machen, Sie zum Ausprobieren neuer Kräuter und Kräutermischungen anregen, Sie zum Kochen mit Kräutern animieren.

Kräuter kaufen

- Die Quellen für Ihre Kräuter sind vielfältig. Die gängigen Kräuter Petersilie, Schnittlauch, Dill, Basilikum, Kerbel, Rosmarin und Thymian gibt es meist im Supermarkt. Auch auf dem Markt erhalten Sie Kräuter sowohl im Töpfchen als auch als Bundware. Schauen Sie auch bei Ihrem Bio-Händler vorbei. Er hat manchmal alte oder besondere Sorten, die sich durch ihren speziellen Geschmack auszeichnen.
- Sehen Sie sich in den Gartencentern um. Hier finden Sie sowohl Kräutersamen als auch -pflanzen. Und wenn Sie zu den Spezialisten gehören, die die Vielfalt der Minzesorten und die mannigfaltigen Salbei-Varietäten ausprobieren wollen, werden Sie bestimmt im Internet fündig. Dort gibt es spezielle Kräuter-Gärtnereien, die sowohl Samen als auch Pflanzen verschicken.
- Kräuter gedeihen nicht nur im Garten, sondern auch auf dem Balkon und der Fensterbank. Im Balkonkasten lassen sich sehr gut Borretsch, Bohnenkraut, Petersilie, Liebstöckel, Schnittlauch, Majoran, Zitronenmelisse und Salbei ziehen. Dill, Majoran, Salbei, Bohnenkraut, Pimpinelle, Melisse, Estragon, Oregano, Liebstöckel, Currykraut, Petersilie, Basilikum, Schnittlauch, Thymian und Rosmarin eignen sich als Topfpflanzen.
- Kräuter sollten gesund und kraftvoll aussehen, feste Stiele und Blätter haben, die weder unnatürlich hell noch fest und ledrig sind. Sie sollten angenehm, und nicht muffig oder säuerlich riechen. Kräuter, die welk sind oder gelbe und dunkle Flecken haben, sind meist nicht mehr frisch. Ihnen fehlt es an Geschmack, Duft und Inhaltsstoffen.

Würzen und Garen mit Kräutern

- Es gibt Kräuter, die am besten roh oder nur vorsichtig erhitzt verwendet werden. Diese Kräuter passen besonders gut zu Salaten oder werden auch in Mischsalaten mitverwendet. Sie müssen beim Erhitzen sehr vorsichtig behandelt werden, um Geschmack und Textur nicht zu verlieren. Zu diesen Kräuter gehören Bärlauch, Dill, Estragon, Kerbel, Koriander, Kresse, Minze, Petersilie, Rucola, Sauerampfer, Schnittlauch und Zitronenmelisse.
- Die anderen Kräuter entwickeln ihr Aroma meist erst durch Hitze. Sie haben überwiegend festere Blätter, wie Beifuß, Bohnenkraut, Dost, Kaffirblätter, Lorbeer, Majoran, Oregano, Rosmarin, Salbei, Thymian und Zitronengras. Sie werden meist mehrere Minuten mitgegart, damit ihre ätherischen Öl in das Gericht übergehen. Wenn die Blätter sehr hart sind, hilft es auch, mit dem Messer auf die Blätter, z. B. beim Zitronengras, zu schlagen, damit die Zellen, die die ätherischen Öl enthalten, kaputt gehen und das Öl freisetzen. Bei anderen Kräutern nützt es, sie sehr fein zu schneiden. Festere Kräuter lassen sich aber sehr gut als Grillgewürz verwenden. Man kann sie sowohl in der Grillpfanne als auch auf dem offenen Grill benutzen. Sie können kurze Zeit mitgegart werden oder man kann mit in Öl getauchten Kräutern das Grillgut bestreichen.

Kräuter putzen und hacken

- Kräuter sollten vorsichtig behandelt werden, damit sie ihr Aroma an das Gericht abgeben können und sich die ätherischen Öle nicht schon vorher verflüchtigen.
- Kräuterbündel sollten möglichst kurz gelagert werden, da sie schnell ihre Geschmacksstoffe und Vitamine verlieren. Stellen Sie Kräuter (die Stielenden vorher abschneiden) in ein Glas mit frischem Wasser in den Kühlschrank und decken sie möglichst mit einer Frischhaltefolie ab. In einer luftdicht schließenden Dose bleiben Kräuter ebenso wie in einem aufgepusteten Gefrierbeutel 2–3 Tage im Kühlschrank haltbar.

- Kräuter sollten als ganzes Bund unter fließendem kalten Wasser abgespült und anschließend gründlich trocken geschüttelt, getupft oder geschleudert werden.
- Je feiner das Gericht ist, desto feiner sollten auch die Kräuter zerkleinert werden. Für einen Eintopf oder eine Sauce können Sie die Kräuter als Bündel hineingeben und vor dem Servieren wieder herausnehmen. Oder es reicht, sie grob zu zerkleinern. Bei feinen Gerichten, wie Cremes, feine Suppen, Butter-, Quark- und Käsemischungen, sollten die Kräuter sehr fein zerkleinert werden.
- Kleinblättrige Kräuter zum Abstreifen am oberen Teil des Stängel festhalten und die Blätter gegen die Wuchsrichtung von oben nach unten abstreifen, z. B. Rosmarin, Thymian, Oregano. Die Kräuter möglichst erst kurz vor dem Servieren hacken und zugeben. Wenn das einmal nicht geht, stellen Sie sie nach dem Zerkleinern zugedeckt in den Kühlschrank.
- Am besten hacken Sie Kräuter mit einem scharfen Messer mit breiter Klinge auf einem genügend großen Brett. Schnittlauch kann auch sehr gut mit einer scharfen sauberen Küchenschere geschnitten werden. Beim Zerkleinern werden Geschmack und Aroma der Kräuter aufgeschlossen. Wenn Sie dafür einen Blitzhacker oder den Schneidstab verwenden, werden die Zellen mit großer Kraft und unter Erwärmen zerstört, so dass es zu Geschmacksveränderungen kommen kann. Nur für Gerichte, bei denen Flüssigkeiten oder Fett mitverwendet werden, können Sie Blitzhacker und Schneidstab einsetzen, z. B. für Pesto, Kräuterbutter oder Quarkcreme. Dann ist es aber besser, die Zutaten vorher gut zu kühlen und nur so lange wie unbedingt nötig zu zerkleinern. Die fertigen Massen sollten Sie immer im Kühlschrank aufbewahren.

Kräuter aufbewahren

- Frisches Kraut wird je nach Bedarf geerntet. Zum Trocknen erntet man die meisten Kräuter vor der Blüte.
- Zum Trocknen eignen sich eher die robusteren Kräuter wie Bohnenkraut, Thymian, Zitronenthymian, Oregano, Beifuß, Salbei, Lavendel, Majoran, Minze und Rosmarin. Sie sollten möglichst frisch geerntet und schnell getrocknet werden.
- Getrocknete Kräuter bewaren Sie am besten in fest verschließbaren dunklen Gläsern und nicht länger als ein Jahr auf, aber dann ist auch spätestens die neue Ernte verfügbar.
- Eine der besten Methoden zum Haltbarmachen ist das Einfrieren. Dabei behalten die Kräuter am meisten von ihrem Aroma. Aber bitte auch nicht länger als ein Jahr. Besonders praktisch ist es, sie portionsweise einzufrieren. Dafür die Kräuter in Eiswürfelbehälter füllen, wenig Wasser darübergeben und das Ganze gefrieren lassen. Dann die Würfel in Gefrierbeuteln verpacken und nach Bedarf verwenden. Kräuter können auch als Kräuterbutter, in Saucen oder als Sahnemassen eingefroren werden. Die Haltbarkeit dieser Massen liegt nur bei etwa 6 Monaten.
- Auch das Einlegen in Essig und Öl ist ein gutes Verfahren. Der Geschmack der Kräuter geht dabei in Essig oder Öl über. Selbst gemachte Kräuteressige und -öle eignen sich vor allem für Salatsaucen, Kräuteressig darüber hinaus für Marinaden. Kräuteröl wird beim Braten und Grillen von Fleisch, Fisch und Gemüse verwendet. Für Essige eignen sich Dill, Estragon, Thymian, Basilikum, Rosmarin, Minze und Zitronenmelisse. Kräuteressig hält sich etwa 2 Jahre. Bei Kräuteröl sind die beliebtesten Kräuter Basilikum, Lorbeer, Oregano, Salbei, Thymian oder Rosmarin.

Register

Vegetarisch

Für Gäste

Register

Beilagen

Süße Köstlichkeiten

Dips, Saucen & Co.

Eingemachtes, Öle, Essige & Liköre

Kräuterkunde

Für Fragen, Vorschläge oder Anregungen stehen Ihnen der Verbraucherservice der Dr. Oetker Versuchsküche Telefon: 00800 71 72 73 74 Mo.–Fr. 8:00–18:00 Uhr, Sa. 9:00–15:00 Uhr (gebührenfrei in Deutschland) oder die Mitarbeiter des Dr. Oetker Verlages Telefon: +49 (0) 521 52 06 50 Mo.–Fr. 9:00–15:00 Uhr zur Verfügung.

Oder schreiben Sie uns:
Dr. Oetker Verlag KG, Am Bach 11, 33602 Bielefeld oder besuchen Sie uns im Internet unter www.oetker-verlag.de oder www.oetker.de.

Umwelthinweis Dieses Buch und der Einband wurden auf chlorfrei gebleichtem Papier gedruckt. Die Einschrumpffolie – zum Schutz vor Verschmutzung – ist aus umweltfreundlichem und recyclingfähigem PE-Material.

Redaktion Carola Reich, Annette Riesenberg

Innenfotos Fotostudio Büttner, Bielefeld (S. 98)
Walter Cimbal, Hamburg (S. 44)
Thomas Diercks, Kai Boxhammer, Christiane Krüger, Hamburg (S. 6–10, 11, 13, 14, 15–18, 20, 21, 22, 23, 25–28, 30, 32, 33, 39, 40, 41, 43, 45, 46, 49, 51, 52, 53, 56–60, 64, 65, 70, 71, 72, 74, 76, 77, 79–83, 85, 87, 88, 90–98, 100, 101, 103–107, 109, 111–114, 117, 118, 119, 120, 121, 124, 125, 126, 128, 131–137, 138, 140, 141, 142, 144, 149–152)
Ulli Hartmann, Bielefeld (S. 10, 16, 35, 36, 63, 75, 120, 129, 132, 137, 143, 146, 150)
Bernd Lippert (S. 82)
Herbert Maas, Hamburg (S. 123)
Janne Peters, Hamburg (S. 13, 19, 29, 31, 34, 38, 42, 62, 69, 72, 73, 89, 99, 108, 115, 116, 122, 127, 130, 138, 139, 143, 145, 148)
Christiane Pries, Borgholzhausen (S. 48, 146)
Hans-Joachim Schmidt, Hamburg (S. 68)
Axel Struwe, Bielefeld (S. 11, 22, 50, 63, 84, 109, 129)
Norbert Toelle, Bielefeld (S. 47, 86, 102, 153)
Brigitte Wegner, Bielefeld (S. 5, 23, 24, 30, 78, 110)
Winkler Studios, Bremen (S. 12, 55)
Bernd Wohlgemuth, Hamburg (S. 37)

Lektorat no:vum, Susanne Noll, Leinfelden-Echterdingen

Nährwertberechnungen Nutri Service, Hennef

Rezeptentwicklung und -beratung Olaf Brummel, Bielefeld

Grafisches Konzept und Gestaltung MDH Haselhorst, Bielefeld
Titelgestaltung kontur:design GmbH, Bielefeld
Satz MDH Haselhorst, Bielefeld
Druck und Bindung Mohn media Mohndruck GmbH, Gütersloh

ISBN: 978–3–7670–0724–6